AF395096

edition **+ plus**

Cornelia Stöckel

Erlebnisorientierte Familientherapie

Gestalttherapie mit »vollen Stühlen«

09

familylab
Schriftenreihe

Cornelia Stöckel

Erlebnisorientierte Familientherapie

Gestalttherapie mit »vollen Stühlen«

Kontakt: mvg@mathias-voelchert.de
www.familylab.de
www.bimw.de

www.cornelia-stoeckel.de

Inhalt

Frau Dr. Cornelia Stöckel hat als Dipl.-Psychologin viele Jahre in der Hirnforschung gearbeitet. Hinzu kam die Ausbildung zur familylab-Seminarleiterin und die erlebnisorientierte familientherapeutische Ausbildung am Deutsch-Dänischen Institut für Familientherapie und Beratung (DDIF). Der erlebnisorientierte Ansatz prägt ihre Arbeit mit Paaren, Eltern, Familien und pädagogischen Einrichtungen. Nach Stationen in Düsseldorf, Oxford und Hamburg lebt sie mit Mann und drei Kindern in Graz, Österreich. Dort begleitet sie zur Zeit Eltern von Frühgeborenen und chronisch kranken Kindern.

Einleitung

Der folgende Text entstand als Abschlussarbeit im Rahmen des Psychotherapeutischen Propädeutikums an der Karl-Franzens-Universität, Graz. Der Auftrag lautete, die erlebnisorientierte Familientherapie unter Berücksichtigung ethischer Aspekte zunächst vorzustellen und anschließend auf Konvergenzen und Divergenzen mit Psychoanalyse, Verhaltenstherapie und systemischer Therapie zu untersuchen.

Im ersten Kapitel *(Erlebnisorientierte Familientherapie)* zeichne ich zunächst die Wurzeln der erlebnisorientierten Familientherapie in der Gestalttherapie nach und stelle dann die aktuellen Schlüsselbegriffe vor. Anschließend greife ich einige weiterführende Punkte auf, die mir geeignet scheinen, einen Einblick in die erlebnisorientierte Arbeit mit Familien zu geben. Dazu gehört auch die ethische Haltung.

Im zweiten Kapitel *(Erlebnisorientierte Familientherapie im Vergleich mit anderen Therapieschulen)* vergleiche ich die erlebnisorientierte Familientherapie mit den drei großen psychotherapeutischen Schulen Psychoanalyse, Verhaltenstherapie und Systemische Therapie mit der Frage nach Gemeinsamkeiten und Unterschieden. Ich habe dafür exemplarisch Aspekte ausgewählt, die die Darstellung in Kapitel 1 vertiefen. Aufgrund des klassischen Settings mit Einzelpersonen bei Psychoanalyse und Verhaltenstherapie stellte sich mir die Frage, ob nicht »Äpfel mit Birnen« verglichen werden. Um diesem Problem zu begegnen, gehe ich jeweils im letzten Unterkapitel gezielt auf schulenspezifische Ansätze für die Arbeit mit Familien ein.

Die größte Herausforderung bestand für mich darin, nicht in eine bewertende Haltung zu verfallen, die den einen Ansatz gegen den anderen ausspielt. Unser Gehirn denkt in Gegensätzen statt in Alternativen, was dieser Versuchung Vorschub leistet. Auch gehört es zur professionellen Grundhaltung einer erlebnisorientierten Familienberaterin, mit der eigenen Meinung »nicht hinter dem Berg zu halten«. Und so wird bei allem Bemühen um Neutralität meine Präferenz durchgängig spürbar sein. Daher ist es mir ein Anliegen an dieser Stelle zu betonen, wie bereichernd die gezielte Auseinandersetzung mit alternativen Therapierichtungen für mich war. Zum einen war diese Arbeit ein guter Anlass, eingehender zu betrachten, was sonst nur als mehr oder weniger vage Vorstellung bei mir bestand. Zum anderen bot die Untersuchung mir Gelegenheit, mein eigenes Vorgehen erneut gründlich zu reflektieren und nicht nur aus sich selbst heraus sondern auch vor dem Hintergrund anderer Ansätze zu verstehen. Diese Erfahrung möchte ich gerne weitergeben. Ich danke den Verantwortlichen des Psychotherapeutischen Propädeutikums für die Fragestellung, all meinen Diskussionspartnern für die fruchtbaren Auseinandersetzungen im Entstehungsprozess und Mathias Voelchert für die Unterstützung bei der Veröffentlichung!

Graz, November 2016

Teil 1

Erlebnisorientierte Familientherapie

Walter Kempler und die Wurzeln der erlebnisorientierten Familientherapie in der Gestalttherapie

Die erlebnisorientierte Familientherapie geht auf den amerikanischen Psychotherapeuten Walter Kempler, einen Weggefährten Fritz Perls, zurück. Um die Nähe zu Perls Gestalttherapie zu verdeutlichen, hatte Kempler seinen Ansatz zunächst »Gestalt-Familientherapie« genannt. Später ging er dazu über von »experiential therapy« zu sprechen, im Deutschen wahlweise »Erlebnis-Therapie« (Kempler, 1975, S. 16 f.) oder »Erlebnisaktivierende Familientherapie« (Kempler, 1989). Das *Deutsch-Dänische Institut für Familientherapie und Beratung,* das den Ansatz nach Deutschland gebracht hat, spricht von »Erlebnisorientierter Familientherapie«. Diese Bezeichnung wird im Folgenden verwendet.

So wie die Gestalttherapie ist die erlebnisorientierte Familientherapie gekennzeichnet durch eine Orientierung am Offensichtlichen und dem Erleben im Hier-und-Jetzt (Bünte-Ludwig, 1994, S. 228; Kempler, 1989, S. 15). Die Tendenz zur Schließung offener Gestalten (Bünte-Ludwig, 1994, S. 223) konkretisiert Kempler als das Bedürfnis, Begegnungen abzuschließen (Kempler, 1989, S. 45 ff.) mit dem Hinweis auf die Nützlichkeit »ganzer« (vollständiger) Botschaften (Kempler, 1975, S. 119 ff.). Beiden ist gemein, dass sie den einzelnen befähigen wollen, die Verantwortung für das eigene Handeln zu erkennen und zu übernehmen (Bünte-Ludwig, 1994, S. 228 f., S. 286; Kempler, 1989, S. 53 f.).

Sowohl Perls als auch Kempler haben ihre Laufbahn mit einer psychoanalytischen Ausbildung begonnen. Während Perls sich von der strukturalen Persönlichkeitstheorie Freuds *(Es - Ich - Überich)* löst, indem er dieser eine prozessuale Persönlichkeitstheorie entgegenstellt, nach der sich das Selbst (mit den Teilsystemen *Ich - Es - Persönlichkeit)* in konkreten Kontakten immer wieder neu realisiert (Bünte-Ludwig, 1994, S. 250 ff.), betont Kempler, dass Theorien am besten als Phantasien verstanden werden sollten, damit diese gegenüber konkreten persönlichen Erfahrungen nicht zu mächtig werden und anfangen unsere Wahrnehmung zu verzerren (Kempler, 1989, S. 67). Gleichzeitig stellt er eine eigene »Phantasie« vor: Vom ursprünglichen *Sein* trennen sich im Lauf der Entwicklung durch sekundäre »pathologische« Anpassungsprozesse Teile in ein *Selbst* (der verleugnete Teil des *Seins*, verleugnetes »ich«) und ein *Selbstbild* (soziales »ich«) (Kempler, 1989, S. 67 ff.). Es ist interessant, dass Kempler selbst in seiner weiteren Arbeit auf diese Theorie kaum mehr explizit Bezug nimmt. Ich verstehe sie daher auch als Reminiszenz an die eigenen Anfänge/Wurzeln unter dem Dach der Psychoanalyse. Gleichzeitig gibt es eine deutliche Verbindung zwischen der Idee eines ursprünglichen *Seins* und dem Selbst(wert)gefühl, wie es von Jesper Juul definiert wird und für dessen Arbeit es eine zentrale Rolle spielt. Dazu mehr im Abschnitt *Selbstvertrauen und Selbstwertgefühl.*

Kempler warf Perls vor, das Streben nach Unabhängigkeit gegenüber dem Bedürfnis nach Gemeinsamkeit zu stark zu betonen (Kempler, 1975, S. 16). Auch stellte er sich dem Gebrauch von Techniken und Taktiken entschieden entgegen, soweit diese dazu führten, den Therapeuten vor der eigenen Verletzlichkeit zu schützen (ebenda, S. 15). Das zentrale Element der erlebnisorientierten Familientherapie sei die Selbstoffenbarung gegenüber einem wichtigen Anderen (ebenda, S. 70) und die Bereitschaft verwundbar zu sein (ebenda, S. 26). Diese Bereitschaft könne innerhalb einer Familie am besten gefördert werden, wenn auch der Therapeut zur Selbstoffenbarung und Verwundbarkeit bereit sei und sich nicht hinter Methoden verschanze.

In der erlebnisorientierten Familientherapie wird jedes Familienmitglied eingeladen mitzuteilen, *was* es von *wem* zum gegebenen Zeitpunkt will (ebenda, S. 31). Der Therapeut unterstützt, indem er durchgängig klare, konkrete und spezifische anstelle vager, abstrakter und allgemeiner Aussagen fordert, indem er für jedes »wir« ein »ich« einfordert und einlädt, Negatives (»ich will nicht«) durch Positives (»ich will«) zu ersetzen (ebenda, S. 36). Er ist wirksam Kraft seiner Persönlichkeit, nicht Kraft seiner Technik:

»Nur wer selbst zu direkter, offener Kommunikation fähig ist, seine Bedürfnisse artikulieren und regulieren kann, nur wer keine Angst vor seinen Gefühlen oder den Emotionsausbrüchen anderer hat, wird Familientherapie im Sinne Kemplers betreiben können« (Petzold, S. 10).

Dies bedeutet gleichzeitig:

»Es gibt [...] keine absolut sicheren Richtlinien. Der beste Ansatzpunkt ist der, bei dem sich der Therapeut am besten fühlt. Die optimale Intervention ist diejenige, die am besten seiner Persönlichkeit entspricht. Die Frage ist hier, wie jeder Therapeut *seine* beste Interventionsmöglichkeit findet, nicht *die* beste« (Kempler, 1975, S. 95).

Bünte-Ludwig (1994, S. 286) bemerkt eine Ähnlichkeit »gestalttherapeutischer Arbeit mit Familien« mit der familientherapeutischen Arbeit von Virginia Satir. Tatsächlich gehört Satir (1975) heute genau wie Kempler zum Literaturkanon erlebnisorientierter Familientherapie.

Jesper Juul und das Kempler Institut Skandinavien: Aktuelle Schlüsselbegriffe der erlebnisorientierten Familientherapie

Die erlebnisorientierte Familientherapie wird heute insbesondere von der Arbeit des Dänen Jesper Juul getragen. Nachdem sich Juul bei Kempler zum Familientherapeuten ausgebildet hatte, gründete er 1979 in Kooperation mit Kempler und weiteren Kollegen das *Kempler Institut Skandinavien,* mit dem er den Ansatz in Europa etablierte und aufgrund seiner eigenen Erfahrungen weiterentwickelte. In Deutschland wird der Ansatz vom *Deutsch-Dänischen Institut für Familientherapie und Beratung* (DDIF) vermittelt, in Österreich von der *Internationalen Gesellschaft für Beziehungskompetenz in Familie und Organisation* (IGfB).

Juuls Bücher, die sich hauptsächlich an Eltern und Pädagogen richten, zeichnen sich durch verhältnismäßig leichte Verständlichkeit aus und haben ihn und die erlebnisorientierte Familientherapie populär gemacht. Sie scheinen das Bedürfnis vieler Eltern nach glaubwürdiger, nachhaltiger Orientierung zu bedienen. Dies erklärt auch den Erfolg der von Juul inspirierten Plattform *familylab association.* Die wichtigsten Schlüsselbegriffe, die die Grundlage der aktuellen erlebnisorientierten Familientherapie bilden, werden im Folgenden vorgestellt.

Inhalt und Prozess

Juul unterscheidet *Inhalt* und *Prozess.* Das *Wie* (Prozess = Körpersprache, Tonfall, Timing etc.) einer Begegnung ist entscheidender als das, *was* (Inhalt) gesprochen wird (Juul, 2012, S. 40 ff.). Jedes Thema ist geeignet, die Art und Weise hervortreten zu lassen, wie Familienmitglieder miteinander kommunizieren. Gleichzeitig ist interessant, in wie weit Inhalt und Prozess kongruent zueinander sind. Wenn Inhalt und Prozess nicht kongruent sind, senden wir unklare, oft widersprüchliche Signale. Diesbezüglich stellt Kempler (1975, S. 12) fest: »Doppelbindung ist ein Aspekt, der allen Beziehungen innewohnt [...]. Sie spiegelt den untergründigen paradoxen Wunsch, beides zu sein: zusammen und weg voneinander«. Es ist eine unvermeidbare Tatsache, dass wir immer wieder inkongruent handeln und sprechen. Unerwartete Reaktionen unseres Gegenübers (Klienten, Partner, Kinder) können uns darauf aufmerksam machen und uns somit Aspekte unseres Seins zugänglich machen, die uns bisher verborgen waren (Juul, 2006, S. 67 ff.). Diese Rückmeldungen können uns helfen, authentischer (= kongruenter) zu werden, ein lebenslanger Prozess. Wie authentisch wir sind, hat wiederum maßgeblichen Einfluss auf die Qualität unserer Beziehung und den Erfolg unserer Kommunikation.

Sie: *Könntest Du bitte heute Abend noch die Töpfe spülen?*

Er: *Mal sehen...*

Er spült die Töpfe nicht. Beide sind über die Interaktion frustriert. Das daran anknüpfende Gespräch legt den Prozess (das nonverbale Geschehen) frei und ergibt, dass ihre Frage keine Bitte sondern eine Anweisung ohne Verhandlungsspielraum war. Er hat dies korrekt erfasst und sich der Anweisung widersetzt, dies aber wiederum mit seiner vagen Reaktion maskiert. Ist dies einmal bewusst, steigt die Wahrscheinlichkeit, dass beide sich beim nächsten Mal persönlicher, konkreter und kongruenter ausdrücken, z.B. so:

Sie: *Mir ist wichtig, dass Du heute Abend noch die Töpfe spülst.*

Er: *Mir kommt es so vor, als würdest Du mir einen Befehl erteilen. Das gefällt mir nicht. Und ich werde die Töpfe morgen früh spülen.*

Kooperation und Integrität: Der Grundkonflikt

Juul sieht den existentiellen Grundkonflikt zwischen dem Wunsch nach *Kooperation* und dem Bedürfnis, die eigene *Integrität* zu schützen (Juul, 1997, S. 55 ff.).[1] Der Wunsch, dazuzugehören und für die

---

1 Der Titel seiner wichtigsten Veröffentlichung, »Das kompetente Kind«, erinnert an Alice Millers »Das Drama des begabten Kindes« (1983) und weist in eine ähnliche Richtung: Das Kind opfert in einem destruktiven Umfeld seine Integrität und die eigene Wahrnehmung zugunsten der Bedürfnisse der Erwachsenen.

nahen Bezugspersonen wertvoll zu sein, ist dem Kind angeboren. Dieses Bedürfnis ist so stark ausgeprägt, dass das Kind im Zweifelsfall die eigenen, persönlichen Bedürfnisse und Interessen dahinter zurückstellt. Ein Kind ist außerdem von Geburt an kompetent, eigene Bedürfnisse (etwa Hunger, Müdigkeit, Bedürfnis nach Nähe/Distanz) wahrzunehmen und zu kommunizieren - und die Bedürfnisse seiner Bezugspersonen zu spüren und auf sie auf seine ihm eigene Art zu reagieren (Stern, 2010). Soziale Kompetenz als die Möglichkeit, sich einzufühlen, ist dem Kind angeboren und kommt seinem Alter, seinem Temperament, und seiner Erfahrung entsprechend zum Ausdruck.

»Kooperation« heißt natürlich keinesfalls, dass Kinder sich immer so verhalten, wie die Erwachsenen es sich vorstellen und wünschen. Insbesondere mit destruktiven Anteilen/Aspekten des familiären Umfelds kann ein Kind spiegelbildlich kooperieren (z.B. genau so selbstverleugnend selbstlos agieren wie die Mutter) oder spiegelverkehrt (extrem fordernd, unersättlich, verschwenderisch, egozentrisch). Beide Verhaltensweisen sind nicht allein aus dem Kind heraus, sondern nur in der Bezogenheit auf das Verhalten der Mutter zu verstehen.

Sind Inhalt und Prozess nicht kongruent, kooperiert ein Kind entweder mit dem einen oder dem anderen. Je jünger ein Kind ist, desto größer ist die Wahrscheinlichkeit, dass es mit der Prozessebene kooperiert. So kann manchmal das Klammern von Kindern im Krippenalter verstanden werden, wenn die Eltern noch nicht bereit sind, das Kind abzugeben. Auf der verbalen Inhaltsebene sagen die Eltern vielleicht: »Hier ist es doch schön, du bist hier gut aufgehoben«. Auf der nonverbalen Prozessebene bringen sie dagegen ihre Unsicherheit zum Ausdruck. Im besten Fall können Eltern durch das Klammern ihres Kindes (seine Kooperation!) auf ihre Unsicherheit aufmerksam werden und versuchen, zu einer klareren, für sie stimmigeren Entscheidung zu kommen.

Je jünger ein Kind ist, desto weniger Möglichkeiten hat es, seine eigenen Integrität zu schützen. Integrität meint hier die persönlichen Grenzen, Werte und Gefühle. Dies schließt das Recht mit ein, Nein zu sagen, und das Recht, zu weinen, wenn wir traurig sind und zu schreien, wenn wir wütend sind (Juul, 2016, S. 87). Die allermeisten Kinder werden eher ihre persönliche Integrität opfern als den Verlust der elterlichen Liebe zu riskieren. Dies kann ganz und gar unbemerkt passieren. Oder das Kind macht durch Verhaltensauffälligkeiten und/oder psychosomatische Symptome darauf aufmerksam. So stecken viele Kinder die heutige, unruhige Lebensweise ihrer Eltern, die von Termin zu Termin hetzen, unauffällig weg. Andere reagieren mit ständiger Unzufriedenheit oder chronischen Kopfschmerzen.

Auffälliges Verhalten von Kindern und Jugendlichen versteht Juul als Reaktion auf Integritätsverletzungen (verbale, emotionale, physische) oder vor dem Hintergrund des kindlichen Bemühens, mit einem destruktiven Umfeld zu kooperieren. Um das Kind in diesem Spannungsfeld zu entlasten, ist es notwendig, mit der gesamten Familie zu arbeiten, statt auf das unangepasste Verhalten zu fokussieren.

Weil Kinder mit dem Grundbedürfnis zu kooperieren auf die Welt kommen und zudem am meisten durch Imitation ihrer wichtigsten Bezugspersonen lernen, können Eltern auf den ständigen Strom von Ermahnungen und Erklärungen, der traditionellerweise Erziehung ausmacht, verzichten. Dieser führt nur dazu, dass das Kind sich dumm und falsch fühlt und sein Selbstwertgefühl leidet (Juul, 2012, S. 41 ff.).

Selbstvertrauen und Selbstwertgefühl

Selbstvertrauen und *Selbstwertgefühl* sind im Alltagsgebrauch (gelegentlich auch in der Fachliteratur) unscharf und werden immer wieder synonym verwendet. Für Juul (1997, S. 97) ist Selbstvertrauen immer fertigkeitsbezogen: Was kann ich in einem bestimmten Bereich leisten – relativ zu dem was andere können oder was ich vor 4 Wochen oder 2 Jahren leisten konnte? Wenn die Bilanz positiv ausfällt, ist mein Selbstvertrauen in Bezug auf eine konkrete Fertigkeit (Mathematik, Weitsprung, Stricken etc.) hoch. Wenn ich mir in einem bestimmten Bereich dagegen wenig zutraue, wird mein Selbstvertrauen für diesen konkreten Bereich entsprechend niedrig sein. Durch realistisches Feedback von außen (Lob, Kritik) lernen wir, unsere Fertigkeiten realistisch einzuschätzen. Selbstwertgefühl bezieht sich dagegen auf die existentielle Dimension unseres Seins (Juul, 1997, S. 96 f.): Wer bin ich? Was sind meine Gefühle, Werte, Ziele, Wünsche? Wie gut kenne ich mich und wie differenziert kann ich mich im Hier-und-Jetzt spüren. Wie stehe ich zu dem, was ich über mich weiß und an mir wahrnehme? Kann ich mich damit annehmen oder lehne ich mich ab, verurteile mich?

Das Selbstwertgefühl wird nahezu vollständig von den Erfahrungen und Bewertungen in der Herkunftsfamilie bestimmt und ist gleichzeitig entscheidend für die Lebensqualität und Beziehungsfähigkeit eines Menschen. Lob und Kritik in Bezug auf die existentiellen Dimensionen unseres Seins (Gefühle, Wünsche, Vorlieben, Werte) entfremden Kinder von sich selbst. Das schadet dem Selbstwertgefühl, unabhängig davon ob explizit oder implizit geäußert. Aber auch das Selbstwertgefühl der Eltern ist prägend: Ist das Selbstwertgefühl der Eltern gering (äußert sich z.B. im Vermeiden persönlicher Sprache, in Schuldzuweisungen, geringer persönlicher Verantwortung, wenig Authentizität etc., s.u.), kann sich das Selbstwertgefühl der Kinder nur schwer entfalten. Das Selbstwertgefühl eines Kindes differenziert sich dagegen, wenn von außen sein Sein durch anerkennende Sprache »erkannt«, d.h. von den Erwachsenen erforscht, benannt und akzeptiert wird und es selbst seinem Erleben in persönlicher, treffender Sprache Ausdruck verleihen darf, ohne dass es korrigiert wird.

In der Begrifflichkeit Kemplers (s. o.) könnte man sagen, dass ein Kind, das in seinem Sein nicht bestätigt sondern korrigiert wird, den Kontakt zu Teilen seines Seins verliert und diese durch Selbstkonzepte ersetzt (eine Vorstellung davon, wie es sein soll). Das Selbstwertgefühl ist zentral für unser Wohlbefinden, unsere psychische Gesundheit und Beziehungsfähigkeit. Erlebnisorientierte Familientherapie zielt darauf, das Selbstwertgefühl jedes einzelnen Familienmitglieds zu stärken und zudem die Familie zu befähigen, selbstwertschädigende in selbstwertfördernde Interaktionen zu verwandeln (Juul, 2012, S. 51 ff.). Von zentraler Bedeutung ist dafür der Gebrauch anerkennender und persönlicher Sprache.

Anerkennung und persönliche Sprache

Anerkennung wird oft mit Lob verwechselt. Während ein Lob jedoch eine Bewertung darstellt und einen äußeren Maßstab zum Ausdruck bringt, zielt Anerkennung auf die Bestätigung der existentiellen Dimension eines Menschen, jenseits von Bewertungen (Juul, 1997, S. 106 ff.). Wenn ein Mensch traurig ist, dann ist dies weder gut noch schlecht, weder richtig oder falsch, sondern eine existentielle Realität. Kinder sind darauf angewiesen, dass ihr Erleben von außen bestätigt wird. Erwachsene, die dies als Kinder nicht erfahren haben, dürsten oft ein Leben lang danach. Lob kann diesen Durst nur sehr unbefriedigend und verbunden mit einem hohen Preis stillen: wir verlieren den Kontakt zu unserem Kern und orientieren uns am Außen. Anerkennende Sprache lädt dagegen dazu ein, nach innen zu schauen.

Wenn Kinder zu sprechen anfangen, teilen sie sich auf eine unmittelbare und persönliche Art mit: ich will dies, ich will jenes nicht, ich mag, ich mag nicht. Diese Sprache ist in unserer Gesellschaft nicht populär und Eltern korrigieren ihre Kinder meist entweder explizit (»Das heißt: Ich möchte bitte!«) oder implizit, indem sie selbst nicht persönlich sprechen. Der Gebrauch von persönlicher Sprache ist unmittelbar selbstwertsteigernd. Dabei geht es nicht darum, jeden Satz mit dem Wort »ich« zu beginnen, sondern zuallererst Kontakt zum eigenen Sein aufzunehmen und das, was wir dort wahrnehmen zum Ausdruck zu bringen. Die rudimentärste Aussage wäre dann vielleicht: »Ich kann mich im Moment nicht spüren. Ich weiß nicht, was ich will und was für mich jetzt richtig wäre.« Während wir mit der weitverbreiteten, unpersönlichen »sozialen« Sprache Wünsche, Bedürfnisse und Verantwortlichkeiten nicht klar erkennen lassen (»Es ist schon spät.«), übernehmen wir mit der persönlichen Sprache Verantwortung für unser Wohlbefinden (»Ich bin müde. Ich möchte, dass Ihr jetzt geht.«).

Soziale und persönliche Verantwortung

Juul unterscheidet *soziale* von *persönlicher Verantwortung* (Juul & Jensen, 2009, S. 100 ff.). Erstere können wir gegenüber anderen, der Gesellschaft, der Umwelt etc. wahrnehmen. Persönliche Verantwortung bezieht sich dagegen auf unser eigenes Leben, unsere Gefühle, Wünsche, Entscheidungen und unser Handeln. Sowohl Kempler (1989, S. 55) als auch Juul (Juul & Jensen, 2009, S. 114) sehen persönliche Verantwortung als notwendige Voraussetzung für gelungene Verantwortungsübernahme im sozialen Kontext. Nur soziale Verantwortung jenseits von Selbstausbeutung oder Dominanz des anderen trägt zu persönlichem Wachstum aller Beteiligten bei.

Allen Individualisierungstrends westlicher Gesellschaften zum Trotz bleibt die persönliche Verantwortung defizitär gegenüber der sozialen Verantwortung, die Menschen für andere (die eigene Familie, Freunde, Nachbarn, Bekannte, die Gemeinde, Gemeinschaft, Gesellschaft etc.) übernehmen. Dies hat entsprechend negative Auswirkungen auf das Zusammenspiel in der Familie und die psychische Gesundheit aller Beteiligten. Denn wo wir die Verantwortung für unser eigenes Leben nicht übernehmen, wälzen wir diese in Form von Schuld auf andere ab und machen uns gleichzeitig zum Opfer (»Die Kinder sind so anstrengend!«). Beides ist gleichermaßen schädlich für das Selbstwertgefühl. Erlebnisorientierte Familientherapie ermutigt daher konsequent dazu, für das eigene Leben (Entscheidungen, Wohlbefinden, Fehler etc.) Verantwortung zu übernehmen.

Dabei werden insbesondere die Erwachsenen in die Pflicht genommen. Denn wo immer ein Machtgefälle gegeben ist (z.B. zwischen Eltern und Kindern, Lehrern und Schülern aber auch zwischen Therapeut und Klienten), trägt der Mächtigere zudem Verantwortung für den Prozess und die Qualität der Beziehung (Juul & Jensen, 2009, S. 150 ff.). Damit ist unter anderem die Atmosphäre der Begegnung gemeint und wie mit Konflikten umgegangen wird.

Wenn Eltern ihre persönliche Verantwortung nicht übernehmen (aus Unwissenheit, oder weil sie nicht können), springen in der Regel die Kinder in die Verantwortung, die den Prozess/die Beziehung aber aufgrund fehlender Macht und Erfahrung nicht sinnvoll gestalten können. Es kommt zu einer destruktiven Rollenumkehr (in extremer Form bekannt als Parentifizierung).

Gleichwürdigkeit

Juul prägte den Begriff der *Gleichwürdigkeit,* um zum Ausdruck zu bringen, dass Kindern von Geburt an die gleiche Würde innewohnt wie Erwachsenen (Juul, 1997, S. 39 ff.). Gleichwürdigkeit bedeutet *nicht,* dass Kinder im demokratischen Sinne »gleich« sind. In einer Familie haben die Erwachsenen die ganze Macht, auch wenn sie sich dessen nicht bewusst sind und sie diese gar nicht haben wollen (Juul, 2016, S. 150). Gleichwürdigkeit heißt vielmehr, dass Eltern ihr Kind genauso ernst nehmen wie sich selbst, indem sie dessen Bedürfnisse, Wünsche, Träume und Ambitionen einbeziehen. Kinder von Anfang an als gleichwürdige Menschen zu akzeptieren heißt, sie als Subjekt wahrzunehmen statt sie zu (Erziehungs-, Liebes- oder andersartigen) Objekten zu machen. Erziehungsmethoden machen Kinder zu Objekten, genauso, wie wir Gefahr laufen, mit »Beratungsmethoden« oder therapeutischen Methoden Klienten zu Objekten zu machen. Methoden lassen uns leicht den Kontakt zu uns selbst und unserem Gegenüber verlieren.

Führung

Eltern stehen heute vor der Herausforderung, einen neuen Führungsstil jenseits von alter Rollenautorität und Laissez-faire zu praktizieren (Juul, 2016, S. 15).

Juul schlägt eine dialogbasierte, gleichwürdige Führung für ein Zusammenleben vor, das die psychische Gesundheit aller Beteiligten fördert. Dabei ist gleichwürdige Führung kein »Stil«, den sich Eltern beliebig aussuchen könnten. Es geht vielmehr um die Erkenntnis, dass Eltern immer die Macht innerhalb der Familie inne haben, weil Kinder sich automatisch am elterlichen Vorbild orientieren und *kooperieren)*. Dies gilt auch, wenn Eltern diese negieren oder aufgrund von psychischer Krankheit nicht wahrnehmen können. Um erfolgreich zu sein (im Sinne von psychischer Gesundheit, d.h. hohem Selbstwert ihrer Kinder), müssen Eltern ihre Macht verantwortungsvoll verwalten, indem sie u.a. die Integrität und Gleichwürdigkeit ihrer Kinder achten und sie nicht zu (Erziehungs-)Objekten machen. Dies setzt bei den Erwachsenen persönliche Verantwortung und Integrität voraus, bzw. die Bereitschaft, diese zu entwickeln. In diesem Sinne ist Elternschaft ein gegenseitiger Lernprozess, in dem nicht nur Kinder von den Eltern, sondern auch Eltern durch das verbale und nonverbale Feedback der Kinder lernen – z.B. wie sie ihrer Führungsaufgabe am wirkungsvollsten und konstruktivsten nachkommen und dabei persönliche Autorität entwickeln können (ebenda, S 34 ff.).

Noch konkreter beschreibt Juul die gleichwürdige Führung (ebenda, S. 24) als:

- proaktiv: Die eigenen Wünsche und Ziele weisen den Weg, nicht das Verhalten des Kindes.

- empathisch: Der andere wird mit dem gesehen,

was ihn/sie ausmacht. Nicht nur das Bild, das wir uns inzwischen von ihm/ihr gemacht haben.

- flexibel: Eigene Veränderungen und Veränderungen beim Gegenüber werden berücksichtigt (dies als Alternative zum vielfach geforderten „konsequent sein").

- dialogbasiert: Es gibt einen interessierten Austausch jenseits von »richtig« und »falsch«.

- fürsorglich: Die Wünsche, Bedürfnisse, Interessen und Ideen der Kinder werden ernst genommen und berücksichtigt.

Erlebnisorientierte Familientherapie bedeutet, die hier vorgestellten Konzepte in der Beratung direkt erlebbar zu machen:

• Eltern können anfangen, sich ihrem Partner und den Kindern gegenüber authentischer zu zeigen, wenn sie in der Beratung die Transparenz eines authentischen Beraters erleben und auf eigene Inkongruenz aufmerksam gemacht werden.

• Eltern können lernen Integritätsverletzungen wahrzunehmen, wenn sie in der Beratung darauf aufmerksam gemacht werden – in einer Sprache, die nicht verurteilt, sondern ihre Integrität achtet.

• Ihr Selbstwertgefühl kann wachsen, wenn sie in ihrem Bemühen gesehen werden.

• Eltern können lernen Verantwortung zu übernehmen, wenn sie einen Berater erleben, der Verantwortung für das eigene Handeln, auch die eigenen Fehler und Irrtümer, übernimmt.

• Eltern können Gleichwürdigkeit erfahren, wenn sie in der Beratung gleichwürdig behandelt werden.

• Eltern können lernen Führung zu übernehmen, wenn sie im Berater ein glaubwürdiges Rollenvorbild finden.

Anlässe und Ziele erlebnisorientierter Familientherapie

Bei der erlebnisorientierten Familientherapie werden familiäre Herausforderungen im Beziehungsfeld der bestehenden Familie behandelt (Kempler, 1989, S. 11). Vielfach ist der Anlass ein klassisches »Erziehungsproblem« (für Eltern überraschend temperamentvolle Gefühlsäußerungen eines Kindes, Probleme bei der Durchsetzung von Absprachen, Geschwisterstreitereien). Manchmal wird Familientherapie auch bei psychosomatischen Symptomen vom behandelnden Arzt empfohlen (Bettnässen, chronische Kopf- oder Bauchschmerzen etc.).

Prinzipiell ist der Ansatz der erlebnisorientierten Familientherapie nicht auf Familien im engeren Sinne begrenzt (Kempler, 1989, S. 11):

»[...] jede Bevölkerungsgruppe – sei sie nun familiärer, sozialer oder gewerblicher Art –, die ein gemeinsames Ziel hat, ist für eine erlebnisaktivierende Psychotherapie in ihrer ›Familie‹ geeignet.« .

Denn das Ziel erlebnisorientierter Familientherapie ist es, die Beziehungen der einzelnen Mitglieder (einer Familie, einer Wohngruppe, eines Arbeitsteams) zu verbessern und damit das Wohlergehen und die psychische Gesundheit jedes einzelnen zu steigern (Kempler, 1975, S. 26).

Symptome werden als Ausdruck destruktiver zwischenmenschlicher Beziehungen verstanden und erhalten kaum Aufmerksamkeit. Gelingt es, den zwischenmenschlichen Austausch zu verbessern (mehr Offenheit, Selbstoffenbarung, Transparenz, persönliche Verantwortung, persönliche Sprache, Anerkennung etc.), spielt meist auch das Symptom nicht mehr die Rolle, die es eingangs hatte – sei es, dass es verschwunden ist, sei es, dass es neben all den eingetretenen Verbesserungen nicht mehr als so störend empfunden wird.

Setting

Erlebnisorientierte Familientherapie bedeutet: alle Familienmitglieder, die unter einem Dach wohnen (ggf. also auch die Großmutter, Tante, Pflegetochter), sind dabei (Kempler, 1989, S. 12). Insbesondere kommt nicht nur die Mutter mit dem Symptomträger. Die Kinder werden allerdings je nach Alter unterschiedlich in das Gespräch eingebunden. Ich teile einer Familie zu Beginn des ersten Treffens üblicherweise etwa Folgendes mit:

»Vielen Dank, dass Ihr alle gekommen seid. Eure Eltern haben den Termin ausgemacht, weil ihnen im Zusammenleben etwas schwer fällt, wobei sie sich Unterstützung wünschen. Darüber möchte ich jetzt gleich gerne mehr erfahren. Ihr könnt dabei bleiben und zuhören oder spielen gehen. Und wenn Ihr Euch einmischen wollt und auch etwas zu sagen habt, dürft Ihr das gerne.«

D.h., gerade bei jüngeren Kindern wird überwiegend mit den Eltern gearbeitet. Je älter die Kinder, desto eher bringen sie sich ebenfalls ein. Sollten sie zu engagiert sein, drängt sich die Frage auf, ob die Kinder zu viel Verantwortung für das Geschehen in der Familie übernehmen. Diese Frage kann und sollte im Folgenden dann unmittelbar angesprochen werden.

Eine große Herausforderung dieses Settings besteht darin, die Kinder in der Beratung vor der Anklagebank zu schützen. Wenn das gelingt, profitieren sie davon mitzuerleben, wie die Erwachsenen versuchen Probleme zu lösen, die es in jeder Familie unweigerlich gibt (Juul, 2012, S. 86 f.).

Vorteile erlebnisorientierter Familientherapie

Effizienz

Viele Probleme und Störungen werden durch destruktive Interaktionsmuster hervorgerufen. Je jünger Kinder sind, desto relevanter sind für sie die familieninternen Interaktionen. Beziehungsfördernde und beziehungshemmende Interaktionen werden am besten sichtbar, wenn ich die gesamte Familie erlebe. Das Verhalten der Kinder macht auf mehr aufmerksam, als die Eltern verbal einbringen. Jede Selbstoffenbarung wird nicht nur von der Beraterin, sondern von den Ohren der »significant others« gehört und kann somit unmittelbar zu mehr Verständnis innerhalb der Familie führen.

Wenn es gelingt, ein destruktives Muster sichtbar und erlebbar zu machen, können alle Familienmitglieder daran mitarbeiten, dieses Muster zu verändern. Ist einmal benannt, dass das »fürsorgliche« Verhalten einer Mutter als kontrollierend und übergriffig empfunden wird, wird der Teenager es in Zukunft mit größerer Sicherheit und Bestimmtheit zurückweisen. Die Wahrscheinlichkeit, in alte, schlechte Gewohnheiten zurückzufallen, ist somit geringer als in der Einzeltherapie.

Entlastung der Kinder

Kinder haben feine Antennen, mit denen sie wahrnehmen, wenn es in einer Familie »nicht gut läuft«. Etwas liegt in der Luft, egal, ob Eltern schweigen, gut Wetter machen oder nur hinter verschlossenen Türen streiten. Wenn nicht ausgesprochen wird, worum es geht, ist die Wahrscheinlichkeit groß, dass die Kinder sich verantwortlich fühlen und die Schuld bei sich suchen. Familientherapie bietet die Chance, dass Eltern die Verantwortung für die unbefriedigende familiäre Situation übernehmen. Wenn Kinder dies miterleben dürfen, werden sie von Verantwortung und Schuld entlastet. Im Beratungsverlauf ist dies oft der Zeitpunkt, zu dem die Kinder vom Schoss der Eltern klettern und spielen gehen. (Juul, 2012, S. 87 f.).

Ethik

Schwierigkeiten im Umgang mit einem Kind oder den Kindern, Unzufriedenheit mit einem kindlichen Verhalten oder auch Sorge darüber sind häufig der Auslöser, warum eine Familie familientherapeutische Hilfe sucht. Der erlebnisorientierte familientherapeutische Ansatz sieht die Verantwortung zur Veränderung durchweg bei den Erwachsenen. Dabei wird nicht geleugnet, dass kindliches Verhalten sehr herausfordernd oder destruktiv sein kann. Es liegt aber in der Verantwortung der Erwachsenen zu lernen, damit umzugehen und das Kind gegebenenfalls bei wichtigen Lernschritten zu unterstützen. Aus familientherapeutischer Perspektive ist es daher unethisch, ein unangepasstes Kind allein in die Therapie zu schicken.

Mit dem Kind statt mit den Eltern zu arbeiten, heißt zudem, den Eltern wichtige Impulse für ihre eigene persönliche Entwicklung vorzuenthalten. Probleme werden nur auf einer symptombezogenen Ebene gelöst. Mit großer Wahrscheinlichkeit braucht eine Familie in diesem Fall bald wieder Hilfe und wird so in einer gewissen Abhängigkeit gehalten, statt Hilfe zur Selbsthilfe zu erhalten.

Hierzu ein Beispiel, das ich »*Fragen der Ethik in der Psychotherapie*« (Hutterer-Krisch, 1996) entnommen habe (Datler, 1996, S. 219-ff.): Einem Kind fällt es nach Eintritt in den Kindergarten schwer, sich von der Mutter zu lösen, so dass diese die Gruppe nicht ohne das Kind verlassen kann. Eine Erzieherin empfiehlt daraufhin die psychoanalytische Behandlung des Kindes. Die Psychoanalytikerin schlägt vor, das »mit seiner Phobie manipulierende« Kind an sich zu binden, um dann als »Übertragungsobjekt« für das Kind zu fungieren. Dem Kind wird außerdem erzählt, dass die Mutter nicht mehr länger in der Kindergartengruppe bleiben könne, die Therapeutin aber sehr wohl.

Aus erlebnisorientiert-familientherapeutischer Sicht ist dieses Vorgehen in vielfacher Hinsicht ethisch fragwürdig. Ich sehe vor allen Dingen die folgenden Punkte:

1. Dem Kind werden Motive unterstellt: Aus familientherapeutischer Sicht ist es unethisch, einem Kind manipulative Motive zu unterstellen. Die Unterstellung ist mit großer Wahrscheinlichkeit unzutref-

fend, zumindest aber überflüssig. Wo Motive implizit oder explizit unterstellt werden, wird ein Kind (jeder Mensch!) abgewertet und sein Selbstwert leidet. Stattdessen können wir die Erwachsenen fragen, wodurch sie sich manipuliert fühlen, und damit bereits einen selbstwertsteigernden Weg aufzeigen.

2. Das Kind wird angelogen (»[...] daß man seiner Mutter nicht länger erlauben könnte, in den Kindergarten mitzukommen«, Datler, 1996, S. 220). Nicht die Vorschriften des Kindergartens sind verantwortlich für das Wegbleiben der Mutter, sondern der Wunsch von Mutter und Einrichtung, dass das Kind sich besser lösen möge. Die Lüge wird dabei nicht etwa eingesetzt um das Kind, sondern um das Image der Mutter zu schützen. Der erlebnisorientierte familientherapeutische Ansatz verzichtet auf derartige Ausflüchte und Manipulationen. Die eigenen Motive werden, soweit sie bewusst sind und wichtig erscheinen, in kindgerechter Sprache transparent gemacht. Im hier vorgestellten Beispiel schiene es mir ausreichend zu sagen: »Ich möchte, dass Du von nun an alleine hier bleibst.«

3. Die Frage, warum das Kind so klammert, wird nicht bearbeitet. Ich vermisse die Grundhaltung, dass das Verhalten des Kindes in irgendeinem, uns (noch) nicht bekannten Bezugsrahmen Sinn ergibt. Fragen, die bei mir aufgrund der kurzen Schilderung der Situation auftauchen, sind z.B.: Ist die Mutter bereit, sich von dem Kind zu lösen? Was braucht die Mutter, um loslassen zu können? Hat die Trennungsangst mit der Einrichtung zu tun?

4. Die Mutter erhält keine nachhaltige Unterstützung hinsichtlich der Frage, wie sie die Situation selbst kompetent verändern und damit entschärfen kann. Sie kann in ihrer Kompetenz nicht wachsen. Kompetent kann sich allein die Therapeutin erleben. Und zwar auf Kosten der Mutter und des Kindes.

5. Die Therapeutin ist ein ungünstiges Rollenmodell. Sie agiert intransparent und manipulativ, um das von Mutter und Einrichtung vorgegebene Ziel zu erreichen. Therapeuten wirken immer auch durch ihre Vorbildfunktion. Wo wir ungünstige Vorbilder sind (und uns dies bewusst wird), sollten wir uns dazu bekennen. Auf Strategien, die für sich genommen nicht nachahmenswert sind, sollten Berater und Therapeuten dagegen generell verzichten.

6. Als Therapieziel soll das Verhalten des Kindes besser an die Bedürfnisse der Erwachsenen (Mutter, Erzieherin) angepasst werden, die Bedürfnisse der Erwachsenen werden über die Bedürfnisse des Kindes gestellt. Erlebnisorientierte Familientherapie umgeht dieses Dilemma, indem sie keine Lösungen anbietet, sondern Selbstwertgefühl, Handlungsspielraum, Eigenverantwortung und psychische Gesundheit bei allen Beteiligten zu steigern sucht. Jede/r einzelne soll wieder spüren lernen, was gut tut und was nicht.

Anhand des Beispiels wird auch von Datler (1996, S. 221 f.) auf drei ethische Probleme in der Arbeit mit Kindern und Jugendlichen hingewiesen:

1. Kinder selbst empfinden sich in der Regel nicht

als therapiebedürftig

2. Es ist nicht davon auszugehen, dass Kinder wissen worauf sie sich einlassen, wenn sie JA zu einer Therapie sagen.

3. Auf wessen Seite steht der Therapeut, wenn er mit Kindern und Jugendlichen arbeitet?

Die erlebnisorientierte Familientherapie ist eine konsequente Antwort auf diese ethischen Fragen, indem sie die Eltern in die Pflicht nimmt. Die Kinder sind eingeladen dabei zu sein, mit dem Ziel sie von dem Gefühl »das Problem zu sein« zu entlasten. Der Therapeut steht weder auf der Seite der Eltern noch auf der Seite des Kindes/der Kinder. Stattdessen will er die Entwicklung aller Familienmitglieder und ihrer Beziehungen zueinander unterstützen. Eltern werden nicht schuldig gesprochen, sondern in die Verantwortung genommen. Sie können sich persönlich weiterentwickeln, wenn sie diese Aufgabe annehmen. Sie erhalten konsequent Anerkennung im Sinne von »Gesehen Werden« für ihr Bemühen und den Schmerz des Scheiterns.

Um Neutralität in Bezug auf die einzelnen Familienmitglieder zu wahren, ist es hilfreich, den Kontakt vor dem ersten Treffen mit der ganzen Familie so knapp wie möglich zu halten. Allzu schnell könnte hier dem Therapeuten vom kontaktsuchenden Elternteil ein Auftrag zugeschoben werden (vgl. Reiter-Theil, 1996, S. 232). Und wertvolle Informationen verpuffen, wenn sie im gemeinsamen Erstgespräch nicht nochmals wiederholt werden.

Sollte ein Auftrag von extern (etwa von einer Einrichtung oder vom Jugendamt) kommen, wäre dies gleich zu Beginn der ersten Sitzung zu thematisieren und muss wieder aufgegriffen werden, wenn es den Berater/Beratungsprozess beeinflusst.

Wenn Symptome und herausforderndes Verhalten als Reaktion auf destruktive Familien- und Kommunikationsstrukturen verstanden werden, ist es zudem unethisch, den Symptomträger zum Patienten zu machen. Ein kollektives (familiäres) Problem, das in der Verantwortung der Eltern liegt, wird z.B. mit einer Diagnose schnell auf eine Einzelperson innerhalb des familiären Gefüges abgewälzt – auf Kosten dieser Einzelperson. Damit ist nicht gesagt, dass für einzelne Familienmitglieder individuelle therapeutische Unterstützung nicht hilfreich sein kann. Diese sollten nur dadurch nicht zum Sündenbock werden.

Das Interessante im Zusammenhang mit allen hier angesprochenen ethischen Problemen ist, dass das ethisch Gebotene in der Regel auch das ist, was für einen erlebnisorientierten Beratungsprozesses wünschenswert ist, speziell Transparenz/Authentizität, Gleichwürdigkeit/Respekt, Integrität und Verantwortung. Dies sind gleichzeitig auch die universellen Werte, die Juul als Basis für ein gelungenes Familienleben vorschlägt (Juul, 2006).

Voraussetzungen erlebnisorientierter Familientherapie

Erlebnisorientierte Familientherapie basiert auf Freiwilligkeit und Veränderungsbereitschaft. In Bezug auf die Kinder ergibt sich damit ein Spagat zwischen der Führungsverantwortung der Eltern und dem Freiwilligkeitsgebot. Dies wird in der Regel dadurch entschärft, dass mit den Eltern, nicht mit den Kindern gearbeitet wird. Weigern sich die Kinder massiv, an einer gemeinsamen Sitzung teilzunehmen, treten Fragen offen zutage, die sofort aufgegriffen werden können: Wie wurden die Kinder eingeladen? Wie kann die Weigerung des Kindes unter dem Paradigma des kooperierenden Kindes verstanden werden? Welche Erfahrungen hat das Kind ggf. zuvor mit Therapie gemacht? Welche Einladung können die Eltern das nächste Mal versuchen? Was ist evtl. bei der letzten gemeinsamen Sitzung von Seiten des Therapeuten schief gelaufen? Ist es bereits gelungen, das Kind aus der Schusslinie elterlicher Anschuldigungen zu holen?

Hinsichtlich der Veränderungsbereitschaft reicht es initial, wenn ein Elternteil bereit ist sich zu verändern – der andere wird sich mit großer Wahrscheinlichkeit später anschließen. Die Bereitschaft dabei zu sein, kann in jedem Fall anerkannt werden.

Ich möchte diesen Teil mit einem Beispiel abschließen, das illustriert, warum die Anwesenheit der Kinder für die erlebnisorientierte Familientherapie so wertvoll ist:

Nach einer Sitzung mit den Kindern Jan (4) und Marie (1) wollen die Eltern eine Sitzung ohne die Kinder, weil es eigentlich »um ihre Probleme ginge« und sie insbesondere Jan von dem Gefühl entlasten wollen, »das Problem« zu sein. Die Beraterin stimmt zu. Bei dem Treffen stellt sich heraus, dass die Eltern darüber sprechen wollen, dass Jan seit der Geburt der Schwester tagsüber wieder einnässt. Sie wollten dies nicht in seinem Beisein tun, um Jan nicht zu beschämen. Tatsächlich stellt sich heraus, dass Jans Einnässen von beiden Eltern als sehr provozierend erlebt wird. Ihre spontanen Reaktionen darauf sind zunehmend Wut, explizite Vorwürfe und Anschuldigungen. Wir überlegen gemeinsam, was helfen könnte, die Situation wieder zu entspannen: Ist mehr Gelassenheit möglich oder braucht es eine Rückkehr zur Windel? Die Eltern können in diesem Setting über ihre eigenen Gefühle in einem sicheren, vertrauensvollen Rahmen reflektieren und Möglichkeiten durchspielen. Insgesamt bleibt das Setting ohne Jan aber unbefriedigend: Er verpasst die Chance, seine Eltern ratlos und unsicher zu erleben. Im Alltag erlebt er dagegen nur ihre Übermacht, wenn ihre Wut über sein Einnässen aus ihnen hervorbricht. Er kommt nicht in den Genuss der verständnisvollen Worte der Beraterin, die einen Zusammenhang mit der Geburt der Schwester und dem Verlust der Einzelkindposition herstellt. Er verpasst außerdem die Chance, sich evtl. mit seinen eigenen Vorstellungen zur Problemlösung einzubringen. Vielleicht wäre er durchaus in manchen Situationen einer Windel gegenüber weniger ablehnend, wenn er spüren kann, dass sie als Sicherheit für die Eltern und nicht als Strafe für ihn selbst gemeint ist? Die Eltern haben Angst, dass er eine Windel grundsätzlich als beschämend empfinden könnte. Ohne sein Beisein bleibt dies eine Hypothese, die nicht entkräftet werden kann. Und zu guter Letzt verpassen Eltern und Beraterin die Chance, im Beisein des Kindes über den nächsten Schritt zu sprechen, an dessen Erfolg dann alle mitarbeiten könnten. Die ganze Misere dieses Versuchs, ein Problem ohne das Beisein des Kindes zu »lösen«, wird der Beraterin offenbar, als sie erfährt, wie sich die Situation weiter zugespitzt hat und die Eltern in ihrer Not nun die Windel als »Konsequenz« (= Strafe) für Jans Einnässen einsetzen.

Teil 2

Erlebnisorientierte Familientherapie im Vergleich mit anderen Therapieschulen

Erlebnisorientierte Familientherapie und Psychoanalyse

Menschenbild und Grundkonflikt

Bereits Freud verstand menschliches Verhalten vor dem Hintergrund verschiedener Konflikte. Dabei hat er den unterschiedlichen Lebensstadien unterschiedliche Konflikte zugeordnet. Manche Konflikte bestehen zwischen entgegengesetzten Instinkten (z.B. Ich-Instinkten und libidinösen Instinkten), während andere Konflikte Instinkte und Anforderungen der Umwelt bzw. später Anforderungen des verinnerlichten Überichs betreffen (Yalom, 2005, S. 17).

Später wurde der psychodynamische Grundkonflikt insbesondere von den Neofreudianern Sullivan, Horney, und Fromm zwischen dem Wunsch nach Sicherheit und dem Wunsch nach individueller Entfaltung verortet (ebenda, S. 17 f.). Von hier ist der Schritt zu einem Grundkonflikt zwischen Kooperation (als Ausdruck des Wunsches, für die Bezugsperson wertvoll zu sein und somit Schutz zu bekommen) und Integrität (u.a. als Wunsch nach persönlicher Entfaltung), wie Juul ihn beschreibt (s. S. 9 f.), nicht mehr weit.

Interessant ist eine weitere Parallele zwischen Neofreudianern und Juul: Erstere stellen fest, dass ein Kind sein Bedürfnis nach Entfaltung automatisch gegenüber dem Streben nach Sicherheit zurück stellt, wenn die zwischenmenschliche Umgebung weder hinreichend Sicherheit bietet noch die individuelle Entfaltung ermutigt (Yalom, 2005, S. 18). Analog weist Juul darauf hin, dass ein Kind seine eigene Integrität in den allermeisten Fällen zugunsten einer Kooperation mit seinen engen Bezugspersonen (auf der expliziten Inhaltsebene, oder weniger sichtbar auf der impliziten Prozessebene) opfert. Je jünger ein Kind ist, desto weniger ist es in der Lage, in diesem Spannungsfeld seine eigene Integrität zu schützen (Juul, 1997, S 75 ff.).

Juul und Jensen (2009, S. 186 ff.) weisen darauf hin, dass aus dem Spannungsfeld zwischen Kooperation und Integrität unserer Kindheit sowohl konstruktive als auch destruktive Verhaltensmuster (»Überlebensstrategien«) entstanden sind, die unsere Beziehungen im Hier-und-Jetzt im Positiven wie im Negativen beeinflussen. Die erlebnisorientierte Familientherapie bearbeitet Überlebensstrategien, die im aktuellen Kontext der Klienten negativ wirken, in der Regel im Hier-und-Jetzt. Dabei passiert es regelmäßig, dass Klienten auch mit ihrer Vergangenheit in Berührung kommen. Eine aktive Wiederbelebung kindlicher traumatischer Erfahrungen und ihre Bedeutungserklärung, wie es die Psychoanalyse anstrebt (Pritz, 1994, S. 33), erfolgt jedoch nicht.

Widerstand

Die Psychoanalyse hat viele Konzepte hervorgebracht, die weit über den eigenen Ansatz hinaus Beachtung gefunden haben (z.B. Projektion und Übertragung). Hier möchte ich beispielhaft darlegen, wie das Konzept des *Widerstandes* jeweils in Psychoanalyse und erlebnisorientierter Familientherapie verwendet wird. Schmidbauer (2006) nennt die Widerstandsanalyse die wichtigste Errungenschaft der Psychoanalyse (ebenda, S. 64). und weist zugleich auf ihren potentiellen Missbrauch hin: »Wenn der Patient mit der Deutung einverstanden ist, hat der Analytiker recht. Wenn er widerspricht, ist er im Widerstand, und der Analytiker hat doppelt recht.« (ebenda, S. 65).

Dabei ist die Psychoanalyse nicht so sehr an Widerstand im Sinne von Widerstehen gegen eine Zumutung, Ablehnung oder Widerstreben interessiert, als vielmehr an Widerstand als »... unbewusstes Phänomen, das der Analytiker (oder der Analysand) aus dem Verlauf der Einfälle, ihrer Richtung, ihrem Stocken ableitet, wie man etwa ein Hindernis unter strömendem Wasser aus den Wirbeln an der Oberfläche rekonstruieren kann.« (ebenda, S. 63). D.h. Widerstandsanalyse im psychoanalytischen Sinne ist Deutung, die Verdrängtem und Vergessenem den Weg zurück ins Bewusstsein ebenen soll. Es ist das Privileg des Analytikers, beim Analysanden diesen Widerstand zu identifizieren und zu benennen und sein Dilemma, dabei nie ganz zu wissen, ob z.B. die Unzufriedenheit eines Patienten auf fruchtbaren Widerstand, auf Behandlungsfehler des Analytikers oder initial überhöhte (und nun enttäuschte) Erwartungen zurückzuführen ist (ebenda, S. 66).

Offenlegen von Vergessenem oder Verdrängtem ist nicht das primäre Ziel der erlebnisorientierten Familientherapie. Genau so wenig werden in der erlebnisorientierten Familientherapie Motive unterstellt und etwa Phänomene wie Zuspätkommen oder nicht Begleichen von Rechnungen als Widerstand gegen den therapeutischen Prozess gedeutet.[2] Das Konzept des »Widerstands« ist dagegen in seiner »banalen« Bedeutung für die erlebnisorientierte Familientherapie fruchtbar gemacht worden, indem sie konsequent das Widerstreben auf Seiten der Beraterin zum Untersuchungsgegenstand macht (Kempler, 1989, S. 101 ff.). Wird Widerstand beim Klienten wahrgenommen, ist die Beraterin eingeladen die Verantwortung für die Qualität des Kontakts wieder zu übernehmen.

Ein Beispiel (Beratungsanlass: Mutter wird von ihrem 4-jährigen Sohn geschlagen und getreten, wenn dieser wütend ist.):

Beraterin: *Du könntest Dich ihm auch entziehen, indem Du weggehst.*

Mutter: *Ja, aber dann kommt er mir hinterher.*

Beraterin: *Du könntest eine Tür zwischen Euch bringen.*

Mutter: *Ja, aber dann fängt er an zu brüllen und gegen die Tür zu treten.*

---

2 Eher würde ein erlebnisorientierter Berater seiner Irritation, Verunsicherung oder seinem Ärger darüber Ausdruck verleihen.

Beraterin: *Du wirst dann jedenfalls nicht mehr geschlagen.*

Mutter: *Ja, aber dann habe ich Angst, dass er seine kleine Schwester aufweckt.*

Die Beraterin empfindet die wiederholten »Ja, aber« als Widerstand der Mutter, Verantwortung für die Situation zu übernehmen und ihr Verhalten zu verändern – und lokalisiert damit das »Problem« in der Mutter. Mit immer neuen Vorschlägen kämpft sie darum, sich für die Mutter wertvoll fühlen zu können. Sie gibt damit die Führungsverantwortung an die Mutter ab, die Beratung scheitert. Die anschließende Reflexion der Beratung bringt folgende Erkenntnisse:

- Die Beraterin hat sich durch das wiederholte »Ja, aber« zunehmend wertlos gefühlt.

- Sie leistet den Einwänden der Mutter gegenüber genauso Widerstand, wie diese den Vorschlägen der Beraterin. (Ein »Ja, aber« kann problemlos vor jeden Satz der Beraterin gestellt werden).

- Sie verliert zunehmend ihre Empathie mit der Mutter, empfindet diese als uneinsichtig. Die Mutter reagiert darauf mit noch mehr »Ja, aber«.

Wäre der Beraterin diese Dynamik während der Beratung bewusst geworden, hätte sie ihren Widerstand aufgeben und dem Gespräch eine andere Wendung geben können:

Beraterin: *Ich merke gerade, dass ich unbedingt wertvoll für Dich sein möchte und langsam anfange mich zu ärgern, dass Du so uneinsichtig bist. Aber das ist ja Quatsch. Jetzt, wo mir das bewusst wird, kann ich aufhören, Dir kluge Vorschläge zu unterbreiten. Stattdessen möchte ich mit Dir genauer schauen, was in Dir vorgeht, wenn Dein Sohn Dich schlägt.*

Die Selbstoffenbarung (in diesem Fall hinsichtlich des eigenen Widerstands und dem Bedürfnis wertvoll zu sein) kann helfen, den Kontakt wieder herzustellen, der spätestens beim zweiten »Ja, aber« verloren gegangen ist.

Psychoanalytische vs. erlebnisorientierte Familientherapie

Freuds psychoanalytische Entwicklungslehre ist individualistisch. Sie stellt das Kind mit seiner Entwicklung in den Mittelpunkt einer sehr differenzierten Betrachtung, während alle anderen Familienmitglieder zu Objekten dieses Prozesses werden und eher stereotype Rollen zugeschrieben bekommen, z.B. Symbiose mit der stillenden Mutter, großer und starker Vater, Geschwister als Rivalen (Richter, 1970, S. 45 f.). Dies hat sich in dem Maß geändert, in dem der Fokus psychoanalytischen Interesses vom Individuum auf die Familie erweitert wurde (ebenda, S. 49).

Als Beispiel für psychoanalytische Familientherapie beziehe ich mich auf eine Darstellung von Richter aus einer Zeit, in der auch die erlebnisorientierte Familientherapie ihren Anfang nahm. Diese lässt sowohl Unterschiede als auch Gemeinsamkeiten mit der erlebnisorientierten Familientherapie erkennen. Ein formaler Unterschied liegt bereits darin, dass Richter verschiedenste Formen als »familientherapeutisch« bezeichnet (gemeinsame Sitzungen, einzelne Sitzungen beim gleichen oder bei verschiedenen Therapeuten) solange nur ein Familienkonflikt statt eines individuellen Binnenkonflikts untersucht wird (ebenda, S. 125). Für eine erlebnisorientierte Familientherapie wird dagegen stets die gesamte Familie gleichzeitig benötigt (bei einer Paarproblematik entsprechend beide Ehepartner für eine erlebnisorientierte Paartherapie).

Ein Beispiel (»Eine dreißigjährige Tochter wird erwachsen«, ebenda, S. 170 ff.):

Mutter und Tochter kommen zur Sprechstunde, nachdem die Tochter seit Jahren an einer rätselhaften Krankheit leidet, die zuvor wahlweise als Hysterie, Depression oder Schizophrenie diagnostiziert worden war. Die Mutter ist verwitwet, die Tochter seit sieben Jahren verheiratet. Die jungen Eheleute leben im Haus der Mutter. Richter beschreibt das Verhalten der einzelnen Familienmitglieder vor dem Hintergrund ihrer jeweiligen, durch die psychoanalytische Brille betrachteten, Geschichte. Der Therapeut wird für den Leser dagegen wenig sichtbar:

»[...] Die Tochter steckt, obzwar dreißig Jahre alt, im psychischen Bereich noch in einer symbiotischen Abhängigkeit von ihrer Mutter. [...] Sie [die Mutter] erlebt mit ihr [der Tochter] eine *Neuauflage ihrer jahrzehntelangen Geschwisterrivalität.* [...] Braucht die Mutter vielleicht unbedingt eine dauernd kränkliche, abhängige Tochter, um diese nicht als gefährliche Rivalin hassen zu müssen? Und um sich nicht selbst wegen der eigenen Minderwertigkeit hassen zu müssen, was ihr nach einer Isolierung von der vom Schicksal bevorzugten Tochter drohen könnte? [...] Der unerfahrene Ehemann [der Tochter] benahm sich ungeschickt. Seinerseits anscheinend sehr potenzunsicher, vermochte er die eingefahrenen neurotischen Sexualängste seiner Frau nicht zu überwinden. [...] der Vertragstext [zwischen Mutter und Tochter] könnte, folgendermaßen lauten: ›*Ich* [die Tochter] *opfere dir* [der Mutter] *meine Sexualität, damit du nicht an deinem Neid- und Eifersuchtskonflikt kaputtgehst. Aber dafür bleibe ich ein kleines passives Kind, das du pflegen und verwöhnen mußt und das dir alle Arbeit überlässt. [...]*‹. (ebenda, S. 174).«

Der Therapeut führt mit Mutter und Tochter teils getrennt, teils gemeinsam Gespräche. Der Ehemann nimmt an späteren Sitzungen ebenfalls teil. Der Therapeut interessiert sich dabei für das Zusammenspiel zwischen Mutter und Tochter, deren symbiotische Abhängigkeit und die Rolle des Ehemanns im Beziehungsgeflecht.

Ich möchte dem von Richter geschilderten Vorgehen nun ein hypothetisches erlebnisorientiertes Vorgehen gegenüberstellen. Zunächst hätte der erlebnisorientierte Berater keine getrennten Interviews geführt.[3] Ohne von einem der Beteiligten durch »geheimes« Wissen vereinnahmt worden zu sein, ist der Therapeut frei, den Klienten sein unmittelbares Erleben im Hier-und-Jetzt zu Verfügung zu stellen. Sobald eine tragfähige Arbeitsbeziehung zwischen dem Therapeut und den einzelnen Familienmitgliedern etabliert ist, könnte dies dann etwa so aussehen:

Zur Tochter:

- *Mir kommt es so vor, als hätten Sie Angst vor Ihrer Mutter.*

- *Für mich sieht es so aus, als wären Sie eher mit Ihrer Mutter als mit Ihrem Mann verheiratet.*

Zur Mutter:

- *Es scheint mir, als würden Sie für ihre Tochter immer noch die gleiche Verantwortung tragen wie damals, als sie noch ein kleines Mädchen war.*

- *Es ärgert mich, dass Sie immer antworten, wenn ich Ihrer Tochter eine Frage stelle!*

---

3 Tatsächlich tauchen in Richters Schilderung Elemente auf, die sich aus erlebnisorientierter Sicht nachteilig auf den therapeutischen Prozess auswirken: Die Mutter fürchte, »Therapeut und Tochter könnten sich hinter ihrem Rücken auf ihre Kosten verständigen« (S. 172). In der Tat bittet die Tochter den Therapeuten, der Mutter gewisse Offenbarungen nicht mitzuteilen (S. 171). Damit wird der Therapeut zum Mitwisser. Dies hat mit großer Wahrscheinlichkeit Folgen für seine Unbefangenheit, Spontanität, und Transparenz.

Zum Ehemann:

- Sie kommen mir merkwürdig unbeteiligt vor.

- Was genau wünschen Sie sich von wem? Von Ihrer Frau, von Ihrer Schwiegermutter?

Es geht darum, die Familienmitglieder selbst nach und nach zu direkten Interaktionen anzuregen. Der Therapeut dient dafür durch sein aufrichtiges, unverblümtes Feedback als Rollenmodell. Damit der Prozess gelingen kann, muss sich jedes Familienmitglied vom Therapeuten »gesehen« und ernst genommen fühlen. Er spricht die Intentionen, Wünsche, Ängste, Glaubensgrundsätze, so wie er sie erspürt, aus und bringt damit relevante Aspekte ins Bewusstsein der Beteiligten. Erst dann wird es möglich, dass die Beteiligten für ihr eigenes Erleben und Handeln Schritt für Schritt Verantwortung übernehmen und frei werden, Neues auszuprobieren. Damit wäre der therapeutische Prozess abgeschlossen.

Bei allen Unterschieden zwischen psychoanalytischem und erlebnisorientiertem Vorgehen fällt an dieser Stelle die Ähnlichkeit mit Richters Resümee ins Auge (Richter, 1970, S. 194):

»Alles, was an neurotischen Verleugnungen, Ängsten und Rachewünschen [der einzelnen Familienmitglieder] in der kranken Frau absorbiert worden war, ist jetzt in den jeweiligen Verantwortungsbereich dessen zurückgekehrt, der sein ungelöstes Problem bisher auf diesen klinischen Fall verschoben hatte.«

Verhaltenstherapie

Menschenbild und Beziehungsgestaltung

Die Verhaltenstherapie versteht sich als angewandte Wissenschaft (Margraf, 2000, S. 5). Wissenschaftliche Grundlage der Verhaltenstherapie ist die empirische Psychologie. Dabei waren initial vor allen Dingen die Lerntheorien prägend (Vogel, 1999). Menschliches Verhalten wurde als Summe erlernter Reaktionen verstanden. Ziel einer verhaltenstherapeutischen Intervention bestand zunächst darin, dysfunktionales Verhalten mit Hilfe eines gesteuerten Lernprozesses durch funktionales Verhalten zu ersetzen (Margraf, 2000, S. 10 ff.). Neben dem von außen sichtbaren, dysfunktionalen Verhalten sind inzwischen auch Kognitionen (Gedanken) und Emotionen (Gefühle) Gegenstand einer Behandlung (Zarbock, 2008, S 15). Auch der biografisch-systemische Kontext findet immer mehr Berücksichtigung (z.B. ebenda).

D.h., dass die Menschenbilder von Verhaltenstherapie und erlebnisorientierter Familientherapie zunächst sehr divergent waren: Die eine, verhaltenstherapeutische Richtung, konzentrierte sich zunächst auf das rein sichtbare Verhalten und leitete dieses aus der individuellen Lerngeschichte im Sinne von Konditionierungsprozessen her. Die andere, erlebnisorientierte Richtung, sieht den Menschen und sein Verhalten von Geburt an vor dem Hintergrund des Konflikts zwischen dem Grundbedürfnis nach Kooperation und Zugehörigkeit und dem Grundbedürfnis nach Schutz der persönlichen Integrität und autonomer Entwicklung. Aufgrund der Offenheit der Verhaltenstherapie gegenüber immer neuen Forschungsergebnissen ist indes eine langsame Annäherung zu beobachten, indem das Verständnis der Verhaltenstherapie sich erweitert und neben dem rein sichtbaren Verhalten nicht nur Kognition und Emotion berücksichtigt, sondern z.B. auch der Lebensgeschichte und dem Lebenskontext eine zentrale Rolle zubilligt.

Das verhaltenstherapeutische Vorgehen ist stark geprägt von Verfahren, die mit Hilfe von Manualen standardisiert angewendet und untersucht werden können. Die Wirkung von Therapieprozess und therapeutischer Beziehung wurde dagegen lange vernachlässigt (Margraf, 2000, S. 383). Inzwischen wird auch die therapeutische Beziehung als relevanter Behandlungsfaktor in die Überlegungen miteinbezogen (ebenda, S. 363 ff.). Auch hier ist somit ein Annäherungsprozess zwischen Verhaltenstherapie und der genuin auf die zwischenmenschliche Beziehung ausgerichteten erlebnisorientierten Familientherapie festzustellen. Allerdings fällt auf, dass die Verhaltenstherapie versucht, therapeutenspezifische Aspekte zu minimieren: »Sicher wirken sich diese Einflussgrößen [persönliche Eigenarten, Stärken und Schwächen, Präferenzen, Erfahrungen etc.] auf das Therapeutenverhalten aus, sie stellen aber eher Randbedingungen und nicht die konstituierenden Merkmale einer verhaltenstherapeutischen Vorgehensweise dar.« (ebenda, S. 364). Die Verhaltenstherapie bleibt letztlich ambivalent gegenüber der Frage, wie sehr der Therapeut als authentischer Mensch in Erscheinung treten soll. Da heißt es auf der einen Seite »[...] ein möglichst breit angelegtes Basiswissen, angeborene oder erlernte menschliche Fertigkeiten (im Sinne der »intrinsischen hilfreichen Persönlichkeit«) sowie persönliche Erfahrung [sind] besonders gefordert (ebenda).

Auf der anderen Seite gibt es Bestrebungen, auch den Beziehungsaspekt und die Beziehungsgestaltung zu »standardisieren« und subjektive Faktoren auszuschalten. So schlägt z.B. Zarbock (2008, S. 283) vor, dass der Therapeut mittels Videoaufzeichnungen *kontrolliert,* welchen *Eindruck* die eigene Körpersprache macht, mit dem Ziel, schließlich den erwünschten *Eindruck* zu erzielen. Ähnlich berechnend mutet die Verwendung von Lob zur Motivationssteigerung an (z.B. ebenda, S. 113). Sowohl in der Beziehungsgestaltung als auch in der Verwendung von standardisierten Behandlungsmethoden bleibt die Therapeut-Klienten-Beziehung damit eine Subjekt-Objekt Beziehung: Der Therapeut will auf der Grundlage einer gemeinsamen Zielbestimmung in Zusammenarbeit mit dem Klienten etwas erreichen (z.B. Symptomfreiheit) und setzt dafür wissenschaftlich validierte Methoden ein. Die Wirkrichtung des Prozesses ist dabei *Therapeut → Klient.* Dies bleibt als Gegensatz zur erlebnisorientierten Familientherapie, die die therapeutische Beziehung als Subjekt-Subjekt Beziehung versteht (z.B. Juul & Jensen, 2009, S. 162 ff. zur pädagogischen Beziehung). Der Therapeut tritt als authentischer Mensch in Erscheinung und lässt zu bzw. erkennt an, dass auch er durch den therapeutischen Prozess verändert wird (Kempler, 1989, S. 99 ff.).

Selbstwert

Für die erlebnisorientierte Familientherapie ist das Selbstwertgefühl die relevante Basis für Wohlbefinden, psychische Gesundheit und Beziehungsfähigkeit. Da das Stichwort »Selbstwert« auch in verhaltenstherapeutischen Lehrbüchern auftaucht, soll an dieser Stelle untersucht werden, wie Selbstwert in der Verhaltenstherapie definiert wird und welche Rolle das Thema für die Verhaltenstherapie spielt. Zunächst sei daran erinnert, dass Juul Selbstwertgefühl im Unterschied zu Selbstvertrauen als »nicht-leistungsbezogenes Wissen über uns selbst« definiert, und wie wir uns diesem Wissen gegenüber verhalten (annehmend vs. ablehnend). Selbstwertgefühl wächst durch Anerkennung, d.h. dadurch dass jemand unsere Motive, Gefühle, Wünsche, Interessen etc. benennt und akzeptiert. Lob als Bewertung der eben genannten existentiellen Kategorien wirkt sich dagegen unterminierend auf das Selbstwertgefühl aus (wie z.B. bei »Toll, dass Du heute Morgen gar nicht traurig warst!« – Hier wird ein Gefühl nicht anerkannt, sondern bewertet.).

In der klassischen Verhaltenstherapie fehlt eine derartige Unterscheidung:

»Unter dem Selbstwertgefühl (SWG) verstehen wir die bewertende (evaluative) Stellungnahme einer Person zu sich selbst, wobei ein positives Selbstwertgefühl oft mit den Emotionen *Freude* und *Stolz,* ein negatives Selbstwertgefühl mit den Emotionen *Trauer* und *Scham* einhergeht. Das Selbstwertgefühl ist also Resultat einer Selbstbeurteilung, die in der Regel nicht global, sondern bereichsspezifisch (z.B. sportliches SWG, berufliches SWG) erfolgt (Zarbock, 2008, S. 49).

Ferner schlägt Zarbock (2008) vor, als *selbstwertfördernde* Maßnahme gute Mitarbeit, gewonnene Erkenntnisse und sichtbar werdende Stärken und Ressourcen des Patienten positiv rückzumelden (ebenda, S. 95). Nach Juulschem Verständnis geht es hier eher um Selbstvertrauen als um Selbstwert. Selbstwertfördernd im Juulschen Sinne wäre dagegen eine anerkennende Äußerung zu Unsicherheit, Angst und evtl. auch Scham, die ggf. mit dem Beginn der therapeutischen Behandlung einhergegangen sind.

Auch bei der Exploration des Themas *Selbstwert* im Kontext der Lebensgeschichte vermischt Zarbock beide Bereiche: »Welche Erfahrungen wurden mit Erfolgs- und Misserfolgserlebnissen gemacht? Wie wurden Lob und Stolz, wie Kritik und Scham im Leben erfahren?« (ebenda, S. 346).

Differenziert wird in der akademischen Psychologie und Verhaltenstherapie dagegen zwischen Selbstwert und Selbstwirksamkeit auf der einen Seite und Selbstwert und Selbstmitgefühl auf der anderen Seite. Selbstwirksamkeit als Erwartung, ob und in wie fern eine Person denkt, dass sie unter den gegebenen Umständen ein bestimmtes Verhalten realisieren kann (Reinecker, 1999) erinnert dabei stark an Juuls Verständnis von Selbstvertrauen. Die Entwicklung des Konzepts »Selbstmitgefühl« (z.B Neff, 2003) kann dagegen u.a. als Reaktion auf einen Selbstwertbegriff verstanden werden, der Selbstwert an Fähigkeiten und Leistungsvermögen knüpft. In Zukunft ist daher durch die Beweglichkeit der Verhaltenstherapie durchaus eine Annäherung zwischen dem Juulschen und dem verhaltenstherapeutischen Verständnis von Selbstwert denkbar.

Verhaltenstherapeutische Paar- und Familienberatung vs. erlebnisorientierte Familienberatung

Auch bei den verhaltenstherapeutischen Ansätzen für den familiären Kontext (Paar- und Familienberatung bzw. -therapie) dominieren strukturierte Programme wie z.B. die »funktionale Familientherapie« (Heekerens, 1993), das »Kommunikationstraining für Paare« (Schindler et al., 2007) oder »Triple P« (Markie-Dadds et al., 2003). In der Paartherapie werden ausreichende kommunikative Fertigkeiten als Voraussetzung für effektives interpersonales Konfliktlösungsverhalten gesehen (Schindler et al., 2007, S. 11). Entsprechende Fertigkeiten werden daher in aufeinander aufbauender Weise geschult. Der Therapeut versteht sich in diesem Prozess als Instanz, die die Einhaltung der Gesprächsregeln überwacht und erwünschtes Verhalten fördert (Kaiser & Hahlweg, 2000, S. 488).

Verhaltenstherapie und erlebnisorientierte Familientherapie unterscheiden sich dabei nicht so sehr hinsichtlich der Vorstellungen, was gelungene Kommunikation ausmacht. Große Unterschiede finden sich dagegen in der Herangehensweise, mit der die Kommunikation eines Paares verbessert werden soll. Die Verhaltenstherapie versucht, erwünschtes Verhalten auf direktem Weg durch Instruktion und Training zu vermehren. Ein Verstärken des erwünschten Verhaltens erfolgt u.a. durch kontingente Verstärkung (Nicken, verbale Zustimmung bei erwünschtem Verhalten) und Soufflieren (leise Handlungsvorschläge von der Seite). Fallen die Gesprächspartner in alte Gewohnheiten zurück, kann der Therapeut das Gespräch unterbrechen, gelungene Elemente benennen und konkrete Instruktionen für den weiteren Gesprächsverlauf geben. (ebenda, S. 488).

Die erlebnisorientierte Familientherapie orientiert sich dagegen weniger am Verhalten des Einzelnen als an seinem darunterliegenden Erleben. Statt Kommunikationsregeln vorzugeben, werden persönliche Äußerungen und Selbstoffenbarungen eingeladen. Das Interaktionsverhalten der Beteiligten ändert sich dann quasi automatisch. In der Verhaltenstherapie unterbreitet der Therapeut den Teilnehmern konkrete, korrigierende Verhaltensvorschläge: »Es ist ungünstig mit einem Vorwurf zu beginnen. Denken Sie an die direkte Gefühlssprache und fangen Sie bitte mit einem ›Ich‹-Satz an« (ebenda, S. 488). Der erlebnisorientierte Berater würde dagegen vielleicht so reagieren:

Ich merke, wie ich mich innerlich zurückziehe und verschließe, wenn ich Ihnen zuhöre. Gleichzeitig weiß ich, dass Sie sich wünschen, mit Ihrer Frau in Kontakt zu treten. (Zur Frau) Wie geht es Ihnen? Ich hatte das

Gefühl, dass Sie beim ersten Wort schon abgeschaltet haben. [...] (Zum Mann) Was genau wollen Sie von Ihrer Frau? Was soll sie von Ihnen erfahren?

D.h. in der erlebnisorientierten Beratung wird jeweils untersucht, was die Äußerungen des einen mit dem anderen – insbesondere im Hinblick auf Gefühle und das Verständnis des Gegenübers – machen. Dadurch wird für die Beteiligten erlebbar, was Kontakt ermöglicht und was Kontakt hemmt. Mit der Zeit können die Partner lernen, sich diesbezüglich Feedback zu geben (»Ich merke, dass ich Dir gar nicht mehr zuhöre und gleichzeitig richtig sauer werde. Worum geht es denn eigentlich?«).

Auch das Elterntraining »Triple P« orientiert sich mehr am Verhalten als am Erleben von Eltern und Kindern. Im Vorwort heißt es:

»Glückliche, gesunde und anpassungsfähige Kinder in einer liebevollen Umgebung großzuziehen, stellt für alle Eltern eine große Herausforderung dar. [...] Sie als Eltern entscheiden, welche Werte, Fähigkeiten und Verhaltensweisen Sie bei Ihrem Kind fördern möchten und wie Sie auf das Verhalten Ihres Kindes reagieren.« (Markie-Dadds et al., 2003, S. vii).

Bereits hier klingen Unterschiede zur erlebnisorientierten Grundhaltung an. Ziel einer erlebnisorientierten Familientherapie ist es u.a., das Selbstwertgefühl und die persönliche Verantwortung von Kindern und Eltern als Grundlage für mehr psychische Gesundheit und persönliche Entwicklung zu steigern.

Es geht nicht darum, Methoden zu vermitteln, mittels derer auf Werte, Fähigkeiten und Verhaltensweisen der Kinder Einfluss genommen werden kann, sondern vielmehr darum, die Eltern für ihre eigenen Werte zu sensibilisieren und ihr Interesse an und ihr Verständnis für die Fähigkeiten, Interessen und Verhaltensweisen ihrer Kinder zu unterstützen.

»Triple P« unterbreitet konkrete Verhaltensvorschläge für den Umgang mit »Problemverhalten« (ebenda, S. 47 ff.), wobei »Problemverhalten« nicht definiert wird, wohl aber anhand der Beispiele (Geschwisterstreitereien, Ungehorsam, Quengeln etc.) als das Verhalten verstanden werden kann, das von Erwachsenen im Allgemeinen als störend empfunden wird. Zu den Vorschlägen zählen u.a. *klare Familienregeln* (»Wir sprechen mit ruhiger Stimme.«, ebenda, S. 48), *absichtliches Ignorieren* (z.B. von Jammern, ebenda, S. 50), der Einsatz von *logischen Konsequenzen* (»Du weigerst dich, deinen Fahrradhelm aufzusetzen, also musst du dein Fahrrad für eine halbe Stunde wegstellen.«, ebenda, S. 53) und *Auszeiten:*

»Wenn ein Kind sehr häufig nicht das tut, was von ihm erwartet wird, besteht die Gefahr, dass Eltern die Nerven verlieren und ihr Kind anschreien, ihm drohen oder es schlagen. Die Auszeit ist eine positive Strategie, die sie alternativ einsetzen können.« (ebenda, S. 57).

All diese Methoden sind sicherlich geeignet, in einem Teil der Kinder erwünschtes Verhalten zu fördern. Die erlebnisorientierte Familientherapie interessiert allerdings immer auch der Preis, um den eine bestimmte Verhaltensänderung erzielt wird (Juul, 1997, S. 61 f.) bzw. der Gewinn (z.B. im Sinne von persönlicher Entwicklung, interpersonellem Kontakt, mehr Selbstwertgefühl, Eigen- und Beziehungsverantwortung), der mit einer alternativen Herangehensweise einher geht. Regeln und Grenzen, die unpersönlich bleiben, erschweren z.B. eher den direkten, persönlichen Kontakt und bieten wenig Möglichkeit, das eigene Selbstwertgefühl zu entwickeln. In der erlebnisorientierten Beratung wird daher eher nach treffenden, persönlichen Aussagen als nach *Familienregeln* gesucht (z.B. »Mir tun die Ohren weh, wenn Du so schreist. Kannst Du bitte etwas leiser sprechen!«).

Absichtliches Ignorieren wenn ein Kind versucht, in Kontakt zu treten, kann für dieses sehr verletzend sein. Wenn Eltern für Kontakt nicht bereit sind, ist es weniger verletzend, wenn sie dies explizit machen, z.B. so:

»Ich mag jetzt nicht. Lass mich einen Augenblick in Ruhe!«

Zudem rutscht die Verantwortung für die Qualität der Beziehung mit der Methode des absichtlichen Ignorierens zum Kind. Das Kind ist sozusagen selbst schuld, dass es ignoriert wird, weil es ja gejammert, Schimpfwörter benutzt oder ein andersgeartetes »Problemverhalten« gezeigt hat. Indem Eltern konkret benennen, dass sie jetzt keinen Kontakt möchten, übernehmen sie dagegen die Verantwortung für die Qualität der Beziehung, die Familienatmosphäre und ihr eigenes Wohlergehen.

Ähnlich verhält es sich mit der Verantwortung bei *logischen Konsequenzen*. Aus erlebnisorientierter Perspektive rutscht auch bei diesen die Verantwortung automatisch zum Kind: Das Kind ist dann »selbst schuld« (= verantwortlich), dass es das Fahrrad wegstellen muss, schließlich hat es den Helm nicht aufgesetzt. Die Tatsache, dass die *Eltern* diese Entscheidung vorab getroffen haben, wird verschleiert. Ohne diese Verschleierung könnte dies z.B. so zum Ausdruck kommen:

»Ich will nicht, dass Du ohne Fahrradhelm fährst und ich habe jetzt auch keine Lust mehr, länger mit Dir darüber zu streiten. Stell das Fahrrad bitte weg und komm rein«.

»Triple P« nennt die Auszeit eine positive Alternative zu Schreien, Drohen und Schlägen. Aus erlebnisorientierter Perspektive ist dagegen die Auszeit ebenso wie Schreien, Drohen und Schläge nur ein weiterer Ausdruck elterlicher Hilflosigkeit. Das kindliche Selbstwertgefühl kann durch eine Auszeit genauso Schaden nehmen wie durch die Reaktionen, die durch sie vermieden werden sollen (Brüllen, Drohen, Schlagen), da auch hier die Verantwortung zum Kind rutscht. Zudem kann auch hier das Selbstwertgefühl der Eltern am ehesten profitieren, wenn sie die Verantwortung für ihre Hilflosigkeit und ihr Verhalten übernehmen, etwa so:

»Es hat mich so erschreckt, als Du mit dem Bauklotz

*geworfen hast, da habe ich einfach los gebrüllt. Das tut
mir leid, ich wollte Dich nicht erschrecken. Bitte mach
das nicht nochmal, es ist wirklich sehr gefährlich.«*

Die Hauptursache für die Unterschiede zwischen
dem verhaltenstherapeutischen »Triple P« und der
erlebnisorientierten Herangehensweise liegt wohl
in dem jeweils zugrundeliegenden Menschenbild.
Aus verhaltenstherapeutischer Sicht muss sich »erwünschtes« Verhalten für das Kind »lohnen« (Markie-Dadds, 2003, S. 8), weil es z.B. positive Verstärkung dafür erhält. Unerwünschtes Verhalten wird ein
Kind dagegen dann zeigen, wenn es unabsichtlich
dafür verstärkt wird. Das Verhalten des Kindes wird
dadurch hauptsächlich aus dem bewussten und un-
bewussten Elternverhalten als Folge von Konditionierungsprozessen verstanden. Das Kind wird zum (Er-
ziehungs-) Objekt.

Die erlebnisorientierte Familientherapie geht dagegen davon aus, dass ein Kind ein angeborenes Bedürfnis nach Kooperation hat. Es braucht dafür keine
externen Anreize, im Gegenteil – diese unterminieren
die natürliche kindliche Kooperationsbereitschaft.
Unter diesem Paradigma gibt es kein kindliches
»Fehlverhalten«. Als störend empfundenes Verhalten
von Kindern wird als Einladung verstanden, das eigene Verhalten und das Zusammenleben in der Familie
zu überdenken. Vielleicht haben Eltern unrealisti-
sche Erwartungen? Oder das Kind macht mit seinem
Verhalten darauf aufmerksam, dass die Eltern unklare Signale senden? Welche Überlebensstrategie steht
dem Vater vielleicht im Weg, klare Signale zu senden?

Welchen »roten Knopf« drückt das kindliche Quengeln bei der Mutter? In diesem Sinne sind Kinder für ihre Eltern dann am wertvollsten, wenn sie unbequem sind. Hier liegen Chancen für wichtige Lernerfahrungen und die eigene Entwicklung.

Abschließend sei nochmals auf die unterschiedlichen Ausgangspunkte von Verhaltenstherapie und erlebnisorientierter Familientherapie hingewiesen. Die Verhaltenstherapie baut auf wissenschaftlichen Erkenntnissen auf und versteht sich als evidenzbasiertes Verfahren (angewendet wird, was »wirkt«). Sie ist dadurch offen für immer neue Entwicklungen, die Stück für Stück evaluiert und in die Methode integriert werden. Die erlebnisorientierte Familientherapie ist dagegen erfahrungsbasiert und werteorientiert (Juul & Jensen, 2009, S. 178). Wissenschaftliche Erkenntnisse werden erst post-hoc als Bestätigung für die Grundannahmen des erlebnisorientierten Ansatzes rezipiert (ebenda, S. 169 ff.). Die Zukunft wird zeigen, ob und in wie weit durch die fortschreitende Forschung Grundüberzeugungen der erlebnisorientierten Familientherapie auch in die Verhaltenstherapie integriert werden.

Systemische Therapie vs. erlebnisorientierte Familientherapie

Menschenbild und Setting

Die Systemische Therapie versteht menschliches Verhalten vor dem Hintergrund des sozialen Kontextes, sei es die Familie, sei es das Arbeitsumfeld (Schwing & Fryszer, 2013, S. 11). Der soziale Kontext wird als »System« begriffen, das Eigenschaften aufweist, die auch anderen Systemen innewohnen. Dazu gehört, dass die Teile des Systems nach zumeist unausgesprochenen Spielregeln zueinander in Beziehung stehen und das »System« (z.B. die Familie) mit der Umgebung so in Austausch steht, dass das Gleichgewicht des Systems erhalten bleibt (Gamber, 2011, S. 37). Lassen die Spielregeln dem Einzelnen zu wenig Freiheit und sind die die Grenzen nach außen entweder zu starr oder zu durchlässig, wird das Gleichgewicht gestört und die Wahrscheinlichkeit steigt, dass ein Teil des Systems (oft ein Kind als schwächstes Glied im System) beginnt »auffällig« zu werden, d.h. Symptome zu entwickeln. Dies wird als Versuch gedeutet, das Gleichgewicht des Systems wieder herzustellen, bzw. zu erhalten (ebenda, S. 38).

Daraus ergeben sich zwei wichtige Übereinstimmungen zwischen dem systemischen und dem erlebnisorientierten Verständnis:

1. Jedes Verhalten und damit auch jedes Symptom hat einen Sinn (Schwing & Fryszer, 2013, S. 11). Juul beschreibt dieses Phänomen als direkte und spiegelverkehrte Kooperation (z.B. 1997, S. 43 ff.).

2. Menschliches Verhalten entsteht auf der Grundlage von Beziehungs- und Kommunikationsstrukturen innerhalb eines Systems (Gamber, 2011, S. 50). Juul & Jensen (2009) sprechen von »interpersonalen Prozessen«. Diese können symptomschaffend, symptomerhaltend und symptomheilend sein (ebenda, S. 148).

Aufbauend darauf hat sich innerhalb der systemischen Richtung der konstruktivistische Ansatz entwickelt, der Probleme als das Ergebnis subjektiver Wirklichkeitskonstruktionen versteht. Hier setzt die systemische Therapie an, indem sie mittels verschiedener Techniken und Methoden lösungsorientiert versucht, die symptomschaffende oder -erhaltenden Wirklichkeitskonstruktion in eine symptomheilende zu verändern (Gamber, 2011, S. 49 ff.).

Die erlebnisorientierte Familientherapie versteht interpersonelle Prozesse dagegen nicht nur als bloße Wirklichkeitskonstruktionen. Dem konstruktivistischen Skeptizismus wird zum einen ein subjektiver Realismus gegenüber gestellt: »Wir sind alle mehr oder weniger potenziell gewalttätig und sozial rücksichtsvoll, egozentrisch und kooperationsbereit, offen und verschlossen, stur und flexibel« (Juul & Jensen, 2009, S. 148). Zum anderen wird betont, dass die Beziehungsqualität entscheidet, was mit diesem

Potential geschieht. Für die Beziehungsqualität trägt wiederum der Prozessverantwortliche (die Eltern, Pädagogen, Therapeuten) sehr große Verantwortung (ebenda, S. 149).

Obwohl der systemische Ansatz den Menschen in seinem sozialen Kontext betrachtet, ist es für eine systemische Beratung/Therapie nicht zwingend erforderlich, dass der »Kontext« auch anwesend ist. Wressning (2012, S. 154) unterscheidet zunächst systemische Beratung/Therapie (Einzelsetting) von systemischer Familientherapie. Die systemische Beratung zeichnet sich insbesondere durch die Haltung und das systemische Selbstverständnis der Beraterin aus. In der systemischen Familienberatung kann dagegen sowohl mit dem System »Familie« oder auch dem »inneren Team« einer Einzelperson gearbeitet werden. Das heißt somit, dass nicht alle Familienmitglieder teilnehmen müssen. Tatsächlich schreibt Gamber (2012, S. 165):

»Die Probleme von Kindern werden von Kinder- und Jugendlichentherapeuten getrennt bearbeitet. Nur ältere Kinder beziehungsweise Jugendliche nehmen an familientherapeutischen Sitzungen mit der ganzen Familie teil.«

Wenn es bei Schwing & Fryszer (2013, S. 11) also heißt »Das soziale Umfeld wird einbezogen« ist dies anders als in der erlebnisorientierten Familientherapie nicht im buchstäblichen Sinne zu verstehen. Vielmehr wird in der systemischen Familientherapie das Familiengeflecht z.B. durch Aufstellen, Familienstellen am Familienbrett und Genogrammarbeit für den Klienten sichtbar gemacht (Gamber, 2012, S. 66 ff., S. 187 ff.).

Lösungs- und Ressourcenorientierung vs. Prozess- und Beziehungsorientierung

Zwei wichtige Charakteristika der systemischen Therapie sind die *Lösungsorientierung* und die *Ressourcenorientierung*. Lösungsorientierung wird als Alternative zur Problemorientierung verstanden (Schwing & Fryszer, 2013, S. 54 ff.; Gamber, 2011, S. 49 ff.). Zur Lösungsorientierung gehören Fragen nach der »Ausnahme vom Problem« (»Wann war es mal anders?«), die »Wunderfrage« (»Wenn über Nacht ein Wunder passieren würde und das Problem würde wie weggezaubert aus Ihrem Leben verschwinden: Was wäre morgen anders?«) und das Ausprobieren von verschiedenen Lösungsversuchen im Rollenspiel (Schwing & Fryszer, 2013, S. 58 f.).

Beispiel (ebenda, S. 58 f.):

Eine Führungskraft berichtet von heftiger Kritik und erbittertem Widerstand im Team. Die Beraterin fragt lösungsorientiert genauer nach: Wer genau leistet Widerstand? Gilt das für alle Projekte oder nur einige? Als Lösung taucht auf, dass die Führungskraft sich mehr an die »Unterstützer« halten könne, sie Kritik gegenüber außerdem gelassener bleiben könne und einige Kritikpunkte vielleicht sogar sachlich berechtigt wären.

Die erlebnisorientierte Familientherapie versteht sich weder als problem- noch als lösungsorientiert sondern als *prozessorientiert*. Die zugrundeliegende Annahme ist, dass sich auf der Basis eines guten (Gesprächs-)prozesses, der jeden einzelnen zunächst mit sich selbst und dann auch mit dem anderen in Kontakt bringt, immer auch neue Lösungen ergeben. Die Aufmerksamkeit liegt aber auf dem Prozess, nicht auf der Lösung. Letztlich geht es auch hier wieder um Selbstwertgefühl und persönliche Verantwortung sowie die Verantwortung der Führungskraft für die Qualität der Beziehung. Der Prozess mit der Führungskraft könnte von einer erlebnisorientierten Beraterin z.B. so gestaltet werden:

B: *Mir wird bleischwer, wenn ich Dich über Dein Team erzählen höre. Mir geht sämtliche Lebensenergie verloren. Geht Dir das auch so?*

F: *Ja, es ist schon schwer. Im Moment habe ich richtig ein wenig Angst, dem Team zu begegnen.*

B: *Wo fühlst Du das?*

F: *Es ist so ein Klumpen in der Magengegend.*

(Das Gefühl wird exploriert)

B: *Seit wann ist das so?*

F: *Es fing an, als ich mit dem neuen Projektvorschlag kam. Da waren plötzlich alle gegen mich.*

B: *Du hattest nicht mit Widerstand gerechnet...?*

F: *Ich kann damit nicht umgehen. Irgendwie fühle ich mich dann sehr klein und verletzlich. Ich ziehe mein Projekt dann gleich selbst in Frage und denke selbst auch, dass es nichts taugt.*

B: *So eine Macht hat Dein Team über Dich...*

Hier hat die Führungskraft etwas über sich selbst gelernt. Sie kann nun ihren eigenen Anteil an der Situation erkennen (z.B. »Ich bin so unsicher, dass ich mit Kritik nicht gut umgehen kann«) und daraus neue Handlungsalternativen entwickeln (z.B. »Statt dem Team das Projekt vor die Nase zu setzen, kann ich erst mal einen Dialog führen, indem ich meine Ideen vorstelle und höre, was das Team dazu sagt.«).

Ein alternativer erlebnisorientierter Ansatz könnte darin bestehen, Führungskraft und Team gemeinsam zu einem Gespräch einzuladen und die Führungskraft dabei zu unterstützen, dem Team zuzuhören und herauszuhören, worum es bei Widerstand und Kritik geht. Erlebnisorientiert könnte die Führungskraft dann nach und nach lernen, diese Art von Gesprächsprozess selbst anzuleiten.

Ob lösungs- oder prozessorientiert: für beide Zugänge sieht es so aus, als könnte die Führungskraft im Anschluss an die Beratung mit Kritik besser umgehen. Im Ergebnis gibt es zwischen lösungs- und prozessorientiertem Vorgehen also durchaus Gemeinsamkeiten. Größer scheinen mir die Unterschiede möglicherweise bei der Ressourcenorientierung zu sein:

Die systemische Therapie versteht sich als ressourcen- statt defizitorientiert. *Ressourcen* meint dabei persönliche Kraftquellen wie z.B. das soziale Netzwerk, Hobbies, Gesundheit, Spiritualität etc. (Gamber, 2011, S. 40 f., 76 f.). Schwinger & Freyszer (2013, S. 51 f.) zählen auch Erfolge bzw. Erfolgserlebnisse dazu und sprechen die Möglichkeit an, diese z.B. mit »Komplimenten« zu benennen. Beispiel (ebenda, S 52):

Ein Elternpaar kommt mit dem gemeinsamen Sohn in die Beratung, weil dieser Schulprobleme hat. Der systemische Berater erkundigt sich zunächst nach dem, was der Junge gut kann.

»Sie [die Ressourcenfragen] stützen den Selbstwert des Jungen und der Eltern: Wenn es auch positive Seiten gibt, kann ja nicht alles falsch gewesen sein.«[4]

An dieser Stelle fällt aus erlebnisorientierter Sicht erneut eine fehlende Unterscheidung zwischen Selbstvertrauen und Selbstwertgefühl auf. Und so schleicht sich hier eine Bewertung ein, die mit dem Juulschen Verständnis von Selbstwertgefühl nicht vereinbar ist. Können wir etwas gut, haben wir im besten Falle für

---

[4] Eine differenziertere Darstellung der Arbeit mit Ressourcen findet sich bei Gamber (2011, S. 76, f.). Der Unterschied zwischen systemischer und erlebnisorientierter Arbeit ist in der Praxis mit Sicherheit geringer als hier plakativ aufgezeigt.

diesen Bereich ein entsprechend gutes Selbstvertrauen. Können wir etwas dagegen nicht gut, ist dies vor dem Hintergrund eines intakten Selbstwertgefühls nicht weiter tragisch: Unser Nicht-Können ist einfach ein Teil unseres Selbst, der keine Macht darüber hat, wie »wertvoll« wir uns fühlen (vgl. Juul, 1997, S. 97).

Die erlebnisorientierte Familientherapie versteht sich weder ressourcen- noch defizitorientiert. Stattdessen möchte ich sie als selbstwert-, beziehungs- und begegnungsorientiert bezeichnen. Die relevante »Ressource« für die erlebnisorientierte Familientherapie ist die Begegnung im Hier-und-Jetzt auf der Grundlage von Selbstoffenbarung auf der einen Seite und Anerkennung auf der anderen. Grundlage und Endpunkt dieser Ressource ist wiederum das Selbstwertgefühl jedes einzelnen, das in der gelungenen Begegnung genährt wird.

Wo ein systemischer Berater die Eltern eines Jugendlichen mit Schulproblemen fragt, was der Junge gut kann, würde ein erlebnisorientierter Berater vielleicht so vorgehen:

B: *Es macht Sie wahnsinnig zuzusehen, wie schwer sich Ihr Sohn in der Schule tut.*

M: *Er macht gar nichts, hängt nur rum und seine Versetzung ist auch gefährdet.*

B: *Das kann ja in der Tat für uns Eltern schwer aushaltbar sein. (Zum Vater) Wie geht es Ihnen denn damit?*

V: *Ich bin nicht so viel zu hHause und bekomme deswegen nicht so viel davon mit. Aber für meine Frau gibt es eigentlich gar kein anderes Thema mehr.*

B: *Was würden Sie sich denn von Ihrer Frau stattdessen wünschen?*

V: *Ich wünschte, meine Frau könnte etwas loslassen. So hilft es dem Jungen ja gar nichts. Sie befinden sich in einer Art Dauerkrieg. Und für uns beide bleibt gar keine Zeit und Energie mehr...*

In kurzer Zeit hat der Fokus des Gesprächs vom Jungen auf die Beziehung der Eltern gewechselt. Statt über die Schulprobleme (Defizite) oder Stärken (Ressourcen) des Jungen zu reden, besteht nun die Möglichkeit, die Beziehung der Eltern in Augenschein zu nehmen. Was wollen die beiden (noch) voneinander? Welche Unterstützung wünscht sich die Mutter von ihrem Mann und kann sie diese bekommen etc. Was für ein Glück für den Jungen, wenn er diese Wendung miterleben darf! Zu einem späteren Zeitpunkt kann der Sohn dann vielleicht artikulieren, welche Unterstützung er sich von seinen Eltern für die Schule wünscht.

Systemische vs. erlebnisorientierte Familientherapie

Gamber (2011, S. 164 ff.) beschreibt drei unterschiedliche Ansätze systemischer Familientherapie: die wachstums- und erlebnisorientierte, die strategische und die strukturelle Familientherapie. Die wachstums- und erlebnisorientierte Familientherapie geht auf Satir zurück und weist wohl die größte Ähnlichkeit mit der gestalttherapeutischen erlebnisorientierten Familientherapie auf. Beide Ansätze sind genuin selbstwertorientiert und untersuchen die Kommunikation innerhalb einer Familie mit der Frage, was selbstwertsteigernd und was selbstwerthinderlich ist (z.B. Satir, 1975). In beiden Ansätzen spielt dabei die »Aufrichtigkeit« (Transparenz, Authentizität) eine größere Rolle als das Erarbeiten von Kommunikationstechniken oder -regeln. Ein stilistischer Unterschied ist darin zu sehen, dass Satir – anders als Kempler und Juul – sehr gerne mit Familienskulpturen gearbeitet hat. Die Skulpturarbeit spielt daher in der systemischen erlebnisorientierten Familientherapie eine weit größere Rolle als in der »gestalttherapeutischen« erlebnisorientierten Familientherapie.

Größere Unterschiede treten dagegen im Vergleich mit der strategischen und der strukturellen Familientherapie zu Tage. Dabei ist die strategische Familientherapie dem Namen entsprechend von einem strategischen Vorgehen mit zirkulären Fragen, paradoxen Interventionen, Hausaufgaben etc. geprägt. Diese sind darauf ausgelegt, Veränderungsprozesse in dem sich selbst organisierenden System »Familie« anzuregen (Gamber, 2011, S. 164). Anders als bei der erlebnisorientierten Familientherapie gestalttherapeutischer Prägung, wird der Therapeut selbst wenig persönlich sichtbar. Strategische Interventionen können darüber hinaus leicht einen manipulativen Charakter bekommen und werden daher in der erlebnisorientierten Familientherapie möglichst vermieden. Denn auf der einen Seite mögen strategische Interventionen sehr effektiv sein, wenn es darum geht, aus einer festgefahrenen Situation herauszukommen. Sie erfüllen aber auf der anderen Seite lediglich innerhalb des Beratungsprozesses ihre Funktion. Für zukünftige Lösungsversuche außerhalb des Beratungskontextes (etwa indem die Familienmitglieder untereinander Hausaufgaben, zirkuläres Fragen, paradoxe Interventionen etc. einsetzen) scheinen sie dagegen weniger geeignet.

Ähnlichkeiten zwischen struktureller und erlebnisorientierter Familientherapie finden sich hinsichtlich der Frage, wer für das Zusammenspiel innerhalb der Familie und Veränderungen verantwortlich ist. Beide Ansätze sehen die Verantwortung bei den Erwachsenen. Beide Ansätze thematisieren, dass es den Kindern schadet, wenn Eltern ihre Macht und Führungsverantwortung nicht wahrnehmen (s. für den strukturellen Ansatz Gamber, 2011, S. 179 f.). Beide Ansätze unterscheiden sich aber dahingehend, wie Eltern dies konkret gestalten können. Der strukturelle Ansatz betont die Wichtigkeit von Rechten und Pflichten, Regeln und Grenzen. Eltern sollten sich im Erziehungsstil einig sein und an einem Strang ziehen und ihre »natürliche Autorität« wieder herstellen (ebenda, S. 181 f.). Im erlebnisorientierten Ansatz werden Eltern dagegen ermutigt, sich in ihrer Unterschiedlichkeit wahrzunehmen, individuell ihre Grenzen zu spüren und zu artikulieren und durch zunehmende Authentizität, Gleichwürdigkeit und Verantwortung natürliche Autorität zu entwickeln. Auch hier ist somit der erlebnisorientierte familientherapeutische Zugang vor allen Dingen eins: selbstwertorientiert!

Literatur

Bünte-Ludwig, C. (1994). *Gestalttherapie – Integrative Therapie. Leben heißt wachsen.* In: Petzold, H. (Hrsg.), *Wege zum Menschen.* Paderborn: Junfermann.

Datler, W. (1996). *Jenseits des Spektakulären. Einige Hinweise auf ethische Aspekte der psychotherapeutischen Alltagsarbeit mit Kindern und Jugendlichen.* In: Hutterer-Krisch, R. (Hrsg.), *Fragen der Ethik in der Psychotherapie.* Wien, New York: Springer.

Gamber, P. (2011). *Systemische Therapie für Dummies.* Weinheim: Wiley-VCH-Verlag.

Heekerens, H.-P. (1993), *Verhaltensorientierte Familientherapie.* In: Steinhausen, H.-C. & von Aster, M. (Hrsg.), *Handbuch Verhaltenstherapie und Verhaltensmedizin bei Kindern und Jugendlichen.* Weinheim: Beltz.

Juul, J. (1997). *Das kompetente Kind.* Hamburg: Rowohlt.

Juul, J. (2006). *Was Familien trägt.* München: Kösel.

Juul, J. (2012). *Familienberatung. Perspektiven und Prozess.* München: edition + plus.

Juul, J. (2016). *Leitwölfe sein.* Weinheim: Beltz.

Juul, J. & Jensen, H. (2009). *Vom Gehorsam zur Verantwortung.* 3. Aufl.. Weinheim: Beltz.

Kaiser, A. & Hahlweg, K. (2000). *Kommunikations- und Problemlösetraining.* In: Margraf, J. (Hrsg.), *Lehrbuch der Verhaltenstherapie.* Band 1. 2. Aufl., Berlin: Springer.

Kempler, W. (1975). *Grundzüge der Gestalt-Familientherapie.* Stuttgart: Ernst Klett Verlag.

Kempler, W. (1989). *Erlebnisaktivierende Familientherapie.* Paderborn: Junfermann.

Margraf, J. (2000). In: Margraf, J. (Hrsg.), *Lehrbuch der Verhaltenstherapie.* Band 1. 2. Aufl. Berlin: Springer.

Markie-Dadds, C. et al. (2003). *Das Triple P Elternarbeitsbuch.* Münster: Verlag für Psychotherapie.

Miller, A. (1983) *Das Drama des begabten Kindes.* Frankfurt a.M.: Suhrkamp Taschenbuch Verlag.

Neff, K. (2003). *The development and validation of a scale to measure self-compassion. Self and Identity* 2, 223-250.

Petzold, H. (1975). *Vorwort zu: Kempler, W., Grundzüge der Gestalt-Familientherapie.* Stuttgart: Ernst Klett Verlag.

Pritz, A. (1994). *Psychoanalyse.* In: Stumm, G. & Wirth, B. (Hrsg.), *Psychotherapie. Schulen und Methoden.* Wien: Falter Verlag.

Reinecker, H. (1999). *Grundlagen verhaltenstherapeutischer Methoden.* In: Reinecker, H. (Hrsg.), *Lehrbuch der Verhaltenstherapie.* Tübingen: Dgvt-Verlag.

Reiter-Theil, S. (1996). *Therapeutische Neutralität in der Paar- und Sexualtherapie.* In: Hutterer-Krisch, R. (Hrsg.), *Fragen der Ethik in der Psychotherapie.* Wien, New York: Springer.

Richter, H.-E. (1970). *Patient Familie.* Hamburg: Rowohlt.

Satir, V. (1975). *Selbstwert und Kommunikation.* Stuttgart: Klett-Cotta.

Schindler, L. et al. (2007). *Partnerschaftsprobleme.* 3. Aufl. Heidelberg: Springer.

Schmidbauer, W. (2006). *Die Psychoanalyse nach Freud.* Stuttgart: Klett-Cotta.

Schwing, R. & Fryszer, A. (2013). *Systemische Beratung und Familientherapie.* Göttingen: Vandenhoeck & Ruprecht.

Stern, D. (2010). *Die Lebenserfahrung des Säuglings.* Stuttgart: Klett-Cotta.

Vogel, H. (1999). *Verhaltenstheoretische Ansätze in der Gesundheitsversorgung.* In: Reinecker, H. (Hrsg.), *Lehrbuch der Verhaltenstherapie.* Tübingen: Dgvt-Verlag.

Wressnig, I. (2012). *Systemische Lebens- (Familien-) und Sozialberatung.* In: Bitzer-Gavornik, G. (Hrsg.), *Lebens- und Sozialberatung in Österreich.* 3. Aufl., Wien: facultas.wuv.

Yalom, I. (2005). *Existentielle Psychotherapie.* 4. Aufl., Bergisch Gladbach: Andreas Kohlhagen.

Zarbock, G. (2008). *Praxisbuch Verhaltentherapie.* Lengerich: Pabst Science Publishers.

family/lab.de® – die familienwerkstatt

www.familylab.de
www.familylab.at
www.familylab.ch

familylab.de – die familienwerkstatt ist eine unabhängige Organisation, und die Adresse für Eltern, Lehrer, Mitarbeiter in Unternehmen, die eine solide Basis im Umgang miteinander finden wollen. Für Menschen, die gerne ihre eigenen Werte, im Dialog mit den Erfahrungen von Jesper Juul und familylab bezüglich Familienleben und Kindererziehung, entwickeln wollen.

In der *familienwerkstatt* sind wir Spezialisten darin, Vorträge und Seminare zu gestalten, in denen Eltern und professionelle Fachleute Anregungen und Ideen zu ihrer Arbeit finden können. Und um die bestmögliche Chemie innerhalb der Familie, zwischen Kindern und Erwachsenen, wie auch in Beziehungen innerhalb von Schulen und Betrieben, zu schaffen.

Zum einen haben wir den Wunsch, durch Vorträge, Seminare, Workshops, Symposien, Bücher, Artikel und Filme für Eltern und für Fachleute, die psychosoziale Gesundheit und das Wohlergehen der heutigen und zukünftigen Eltern und Kinder zu verbessern. Damit wollen wir die vielen unterschiedlichen Familien darin unterstützen, gesunde Beziehungen zu schaffen, ohne Gewalt und Missbrauch bei Kindern, Jugendlichen und Erwachsenen.

Zum anderen wollen wir durch öffentliche Bildung, Dialoge, Formulierung von Werten und dem Verbreiten von relevanten, wissenschaftlichen Erkenntnisse die Art und Weise beeinflussen, wie Männer und Frauen über ihre Familien denken und sie aufbauen. Ebenso wollen wir die Werte und das Verhalten in Kinderkrippen, Kindergärten und Schulen so beeinflussen, dass eine optimale Umgebung für ein gemeinsames, soziales, emotionales, kreatives und akademisches Lernen entsteht.

Unsere Vision sind Familien, Institutionen und Gesellschaften mit viel weniger Gewalt, Missbrauch, Sucht und Vernachlässigung. Wir wollen allen guten Willen, Liebe und Hingabe mobilisieren, innerhalb von Familien, Organisationen, wie auch in der Gesellschaft als Ganzem.

»Das Schlüsselwort heißt Beziehung. Ihre Qualität entscheidet über unser Wohlbefinden und unsere Entwicklung als Mensch. Kinder werden mit allen wesentlichen menschlichen Qualitäten geboren und haben daher auch dieselbe Verletzlichkeit und Überlebensfähigkeit wie Erwachsene. Eltern zu sein bedeutet, eine Rolle im Leben einzunehmen, die uns vor große Herausforderungen stellt. – Das sogenannte Problem oder Symptom ist nicht so wichtig. Wichtig ist die Person, die das Symptom trägt. Wir können das Problem nicht lösen, aber wir können Menschen darin unterstützen, destruktive Systeme, Perspektiven und Verhalten ins Konstruktive zu wandeln.« Jesper Juul